작은 역사
작고 소소한 일상 속에 담긴 큰 세상,
땅과 사람과 사물이 살아온 이야기,
그림으로 읽는 우리 모두의 역사

 글쓴이 홍나영

이화여자대학교 의류직물학과를 졸업하고 같은 학교 대학원에서
〈여성 쓰개에 관한 연구〉로 박사 학위를 받았다. 한국 복식사 분야의
권위자로 현재 이화여자대학교 의류학과 교수이자 한국복식학회
부회장이다. 복식 문화의 역사에 대한 연구와 더불어 복식 문화 유산의
활용과 발전 방안에 대해 깊이 고민하고 있다.
저서로 《여성 쓰개의 역사》, 《한복 만들기》, 《우리 옷과 장신구》,
《아시아 전통 복식》, 《한중일 동아시아 복식의 역사》(공저) 들이 있다.

 그린이 이장미

중앙대학교에서 동양화를 전공하였다. 여러 차례 개인전을 열었고
드로잉 일기 《순간 울컥》을 출간했다. 지금은 회화 작업과
일러스트레이션 작업을 병행하고 있다. 옷이란 그저 추위를 피하거나
멋을 부리기 위한 것이라고 생각했는데, 이번 작업을 통해 옷 속에
문화와 역사가 공존한다는 사실을 알게 되었다. 우리 옷의 선과
색의 아름다움에 흠뻑 빠져들었던 귀한 시간이었다.
그림을 그린 책으로 《네가 아니었다면》, 《조선왕실의 보물, 의궤》,
《산양들아, 잘 잤니?》 들이 있다.

작은역사 다섯

말하는 옷

ⓒ 홍나영, 이장미, 최정선 2015

초판 1쇄 발행 2015년 5월 11일
초판 6쇄 발행 2024년 1월 15일
기획·구성 최정선 | 글 홍나영 | 그림 이장미
편집 장원정, 최정선 | 디자인 장승아
펴낸이 권종택 | 펴낸곳 ㈜보림출판사
출판등록 제406-2003-049호
주소 10881 경기도 파주시 광인사길 88
전화 031-955-3456 | 팩스 031-955-3500
인스타그램 @borimbook
홈페이지 www.borimpress.com
ISBN 978-89-433-0996-1 77910

이 책은 저작권법에 따라 보호받는 출판물입니다.
이 책의 내용 일부나 전부를 옮겨 싣거나 다시 쓰려면 반드시
저작권자와 출판사 양쪽의 허락을 받아야 합니다.

⚠ 주의: 책 모서리가 날카로우니 던지거나 떨어뜨리지 마세요.
(사용연령 3세 이상)

한반도 복식문화사

말하는 옷

홍나영 글 | 이장미 그림

다홀미디어

 차례

사람, 옷을 입는 동물	4
바느질하는 구석기인, 옷감 짜는 신석기인	6
두르는 옷에서 여미는 옷까지	8
치마 입는 남자, 바지 입는 여자	10
우리 옷의 원형은 활동 편한 바지와 저고리	12
옷, 신분을 말하다	14
유행에는 국경이 없다	16
베일을 쓴 고려 아가씨	18
각양각색, 고려 말과 조선 초 사람들의 차림	20

목화가 바꾸어 놓은 것	22	세상이 바뀌니 옷도 바뀌고	40
멋스리운 선비의 옷	24	옷, 산업이 되다	42
갓 쓰고 꽃 꽂고	26	옷이 들려주는 이야기	44
저고리는 짧게, 치마는 풍성하게	28		
구름 같은 머리에 산호잠 꽂고	30	찾아보기	46
알록달록 아이 옷	32	한복의 부분 명칭	47
모피 옷과 가죽 신발	34	참고문헌	48
혼례 날에는 공주처럼 부마처럼	36		
임금에서 무당까지, 조선 복식 열전	38		

사람, 옷을 입는 동물

사람은 옷을 입습니다. 세상의 수많은 동물 가운데 사람만이 옷을 입어요. 사람은 왜 옷을 입는 것일까요? 알몸이 부끄러워 옷으로 가리는 걸까요? 하지만 알몸으로 다니는 걸 부끄러워하지 않는 종족도 있어요. 문화권에 따라 부끄러움을 느끼는 신체 부위도 다르고요. 몸에 꼭 달라붙는 옷처럼 옷으로 가린 부분이 도리어 사람들의 눈길을 끄는 경우도 있지요.

추위나 더위로부터 몸을 보호하려고 옷을 입는 걸까요? 그럼 추운 곳에서 사는 사람은 반드시 옷을 입어야 하고, 덥지도 춥지도 않은 온화한 곳에서 사는 사람은 굳이 옷을 입을 필요가 없을 거예요. 하지만 눈이 내리는 기후에 살면서도 옷을 입지 않고 장신구만 하는 사람들도 있어요. 굳이 옷이 필요 없는 기후에서 산다 해도 맨몸으로 살지는 않지요.

어떤 이유로든 사람은 몸의 어느 부분을 가리거나 꾸밉니다. 수천 년 동안 많은 시간과 노력을 들여서 여러 가지 방법으로 몸을 장식하고 꾸몄어요. 얼굴이나 몸에 무언가를 바르거나 물들이거나 새기기도 하고, 이런저런 장신구와 옷을 걸쳤어요. 스스로를 아름답게 치장하고 싶어 하는 것은 인간의 본성입니다. 태어난 모습 그대로 살지 않는 것이 사람이에요.

옷은 의사소통 수단이 되기도 합니다. 교복을 입으면 학생, 기모노를 입으면 일본 사람이라는 걸 짐작할 수 있어요. 옛날에는 옷으로 신분을 나타내기도 했어요. 왕이나 귀족만 입는 옷이나 장신구도 있었고요. 이를 어기면 벌을 받았지요. 지금은 군인처럼 특수한 직업만 계급별로 옷이 정해져 있을 뿐 누구나 원하는 옷을 입을 수 있습니다. 그래도 옷차림을 보면 그 사람이 어떤 사람인지 추측할 수 있어요. 취향이나 가치관을 짐작할 수도 있고요. 옷은 내가 누구인지를 알려 줍니다. 옷은 말하지 않으면서도 수많은 말을 합니다.

성경에서는 아담과 이브가 부끄러움 때문에 몸을 가렸다고 한다. 정말 사람은 알몸이 부끄러워 옷을 입는 걸까?

▲ 고대 이집트의 아마천은 아주 얇아서 몸이 훤히 비쳤다고 한다. 이렇게 비치는 옷이나 가슴과 엉덩이를 강조한 옷도 몸을 가리려고 입는 것일까?

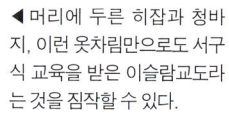

◀ 머리에 두른 히잡과 청바지, 이런 옷차림만으로도 서구식 교육을 받은 이슬람교도라는 것을 짐작할 수 있다.

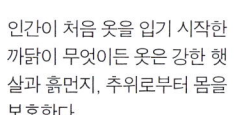

인간이 처음 옷을 입기 시작한 까닭이 무엇이든 옷은 강한 햇살과 흙먼지, 추위로부터 몸을 보호한다.

입과 턱에 새겨진 문신은 고귀한 신분임을 나타낸다.

▶ 새의 깃털은 아주 오래전부터 세계 곳곳에서 장식으로 쓰였다.

▶ 뉴질랜드 마오리 족 여인이

옷이 없는 민족은 있어도 몸을 장식하지 않는 민족은 없다

사람은 옷이나 장신구 따위를 몸에 걸치기도 하지만, 화장이나 보디페인팅, 염색, 문신, 혹은 귀나 코를 뚫는 것처럼 살갗에 직접 치장을 하기도 한다. 이런 치장은 선사시대부터 시작되었으며 단순한 멋 내기 수단이 아니라, 몸과 영혼을 보호하고 재앙을 물리치는 수단이자, 신분과 소속 따위를 표시하는 수단으로도 쓰였다.

문신은 살갗을 바늘로 찔러 물감이나 먹물로 글씨나 그림, 무늬를 새기는 일이다. 우리나라에서는 마한과 변한 사람들이 문신을 즐겼다는 기록이 있다. 조선시대에는 사랑의 증표로 연인의 이름을 새기기도 했다. 전염병의 예방이나 치료 수단으로도 쓰였고, 도둑이나 도망친 노비의 얼굴에 글자를 새겨 표시하기도 했다.

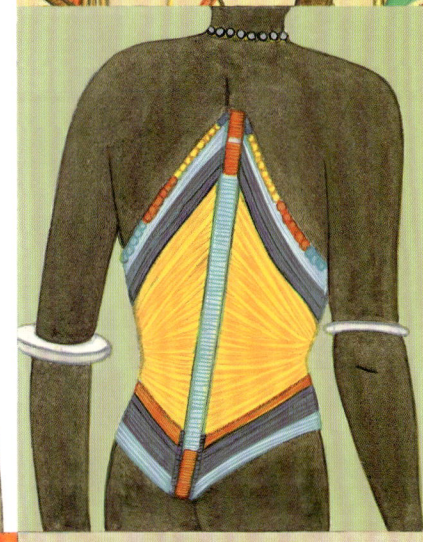

▶ 이집트 벽화에 나오는 표범 가죽 옷은 사제를 뜻한다.

▶ 옷으로 가려야 한다고 생각하는 신체 부위는 문화권에 따라, 시대에 따라 다르다.

▶ 스스로를 아름답게 꾸미려는 것은 사람의 본능이지만 아름다움의 기준은 저마다 다르다.

▲ 인도에서는 헤나라는 식물성 염료로 몸에 여러 가지 무늬를 그려 행운이 오기를 빈다.

▶ 아프리카 풀라니 족은 남자들이 화장을 하고 구혼 축제에 참가한다.

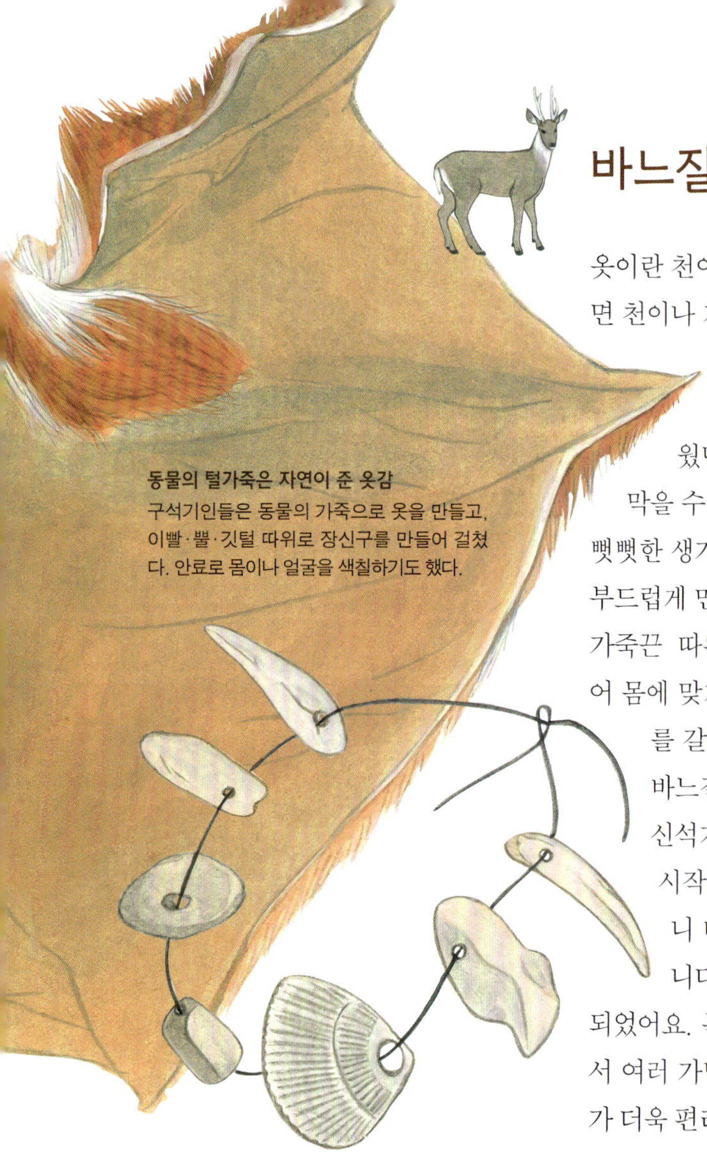

바느질하는 구석기인, 옷감 짜는 신석기인

옷이란 천이나 가죽 따위로 몸을 덮어 가릴 수 있도록 만든 물건입니다. 옷을 만들려면 천이나 가죽처럼 몸을 덮을 재료가 있어야 하고, 그 재료를 자르고 꿰매어 원하는 모양으로 만드는 기술이 필요해요.

인류가 처음 입은 옷은 동물의 털가죽으로 알려져 있습니다. 날씨가 추웠던 구석기시대에 사람들은 동물의 털가죽을 벗겨 몸에 걸쳤어요. 추위도 막을 수 있고 동물의 영혼이 자신을 보호해 줄 거라는 생각도 하면서요. 처음에는 뻣뻣한 생가죽을 그냥 걸쳤지만 곧 가죽을 가공하기 시작했습니다. 가죽을 손질하여 부드럽게 만들고, 가장자리에 뼈나 돌로 만든 송곳으로 구멍을 내어 동물의 힘줄이나 가죽끈 따위로 꿰어 이었어요. 가죽은 크기와 모양이 일정하지 않으니, 자르고 꿰매어 몸에 맞게 만든 거예요. 그래야 더 따뜻하고 움직이기도 편하니까요. 나중에는 뼈를 갈아 바늘을 만들어서 꿰맸지요. 구석기인은 자연이 준 옷감인 동물 가죽을 바느질하여 옷을 만들었습니다.

신석기시대에는 날씨가 따뜻해졌습니다. 사람들은 가축을 기르고 농사를 짓기 시작했어요. 흙을 빚어 토기를 굽고, 덩굴이나 풀 줄기를 엮어서 그물이나 바구니 따위도 만들었지요. 풀 줄기나 가축의 털 따위를 이용하여 실도 만들었습니다. 풀 줄기의 속껍질을 벗기고 가늘게 찢어서 꼬아 이으면 길고 질긴 실이 되었어요. 목화솜이나 양털에서 섬유를 조금씩 뽑아 가며 꼬거나, 누에고치를 풀어서 여러 가닥을 합쳐도 실이 되었지요. 가락바퀴와 같은 도구를 이용하면 실을 잣기가 더욱 편리했어요. 신석기인들은 실을 이용하여 옷감을 짜기 시작했습니다. 처음에

동물의 털가죽은 자연이 준 옷감
구석기인들은 동물의 가죽으로 옷을 만들고, 이빨·뿔·깃털 따위로 장신구를 만들어 걸쳤다. 안료로 몸이나 얼굴을 색질하기도 했다.

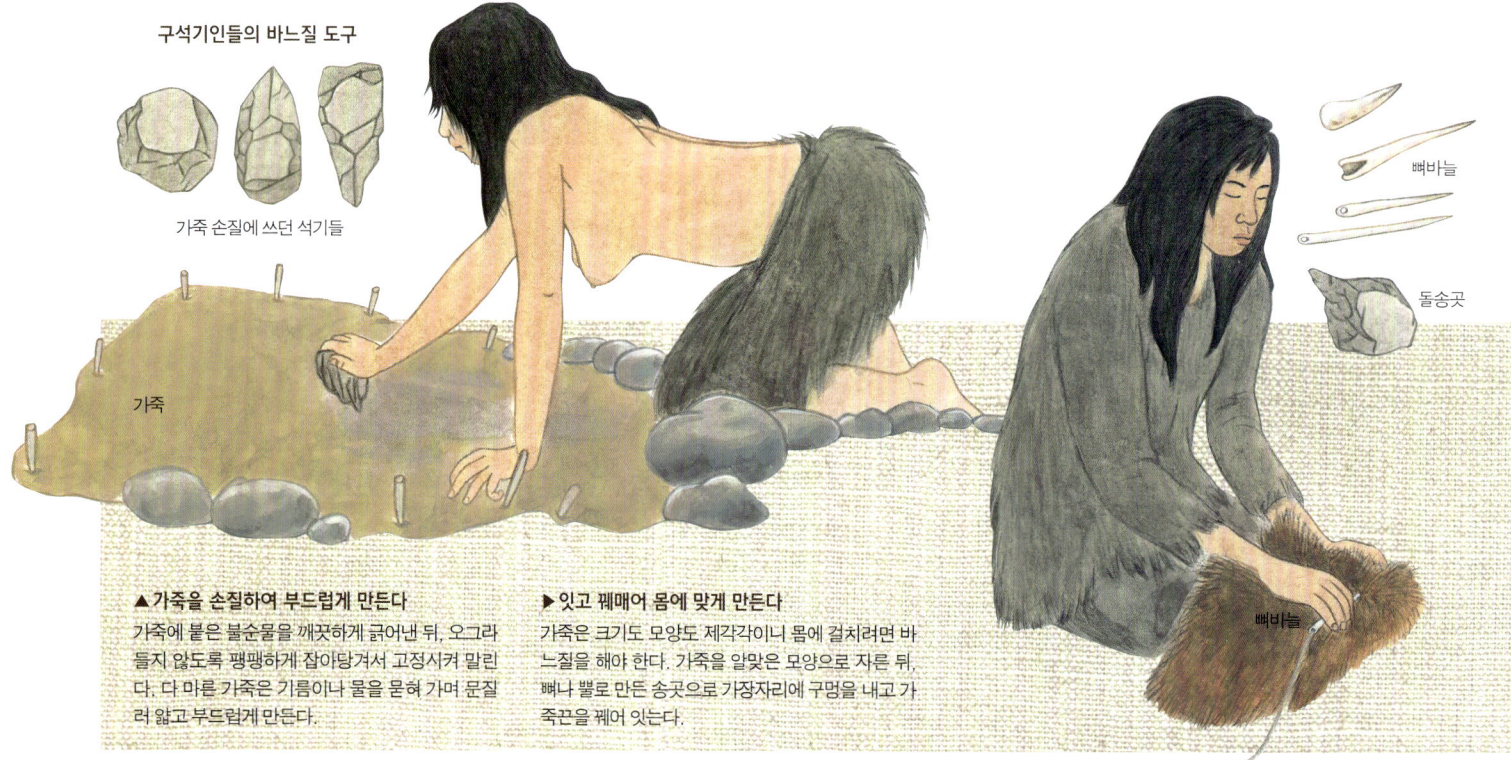

구석기인들의 바느질 도구
가죽 손질에 쓰던 석기들

▲ **가죽을 손질하여 부드럽게 만든다**
가죽에 붙은 불순물을 깨끗하게 긁어낸 뒤, 오그라들지 않도록 팽팽하게 잡아당겨서 고정시켜 말린다. 다 마른 가죽은 기름이나 물을 묻혀 가며 문질러 얇고 부드럽게 만든다.

▶ **잇고 꿰매어 몸에 맞게 만든다**
가죽은 크기도 모양도 제각각이니 몸에 걸치려면 바느질을 해야 한다. 가죽을 알맞은 모양으로 자른 뒤, 뼈나 뿔로 만든 송곳으로 가장자리에 구멍을 내고 가죽끈을 꿰어 잇는다.

뼈바늘

돌송곳

뼈바늘

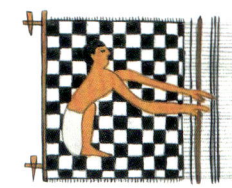

옷감 짜기 과정을 그린 이집트 벽화. 왼쪽부터 아마 수확, 가락바퀴로 실잣기, 베틀로 옷감 짜기다.

는 실을 이리저리 얽어 그물처럼 엮다가, 베틀을 고안하면서 실을 가로세로 교차하여 옷감을 짰어요. 처음에는 폭이 좁은 끈 비슷한 것을 짜다가, 점차 폭이 넓은 옷감도 짤 수 있게 되었지요.

이집트, 메소포타미아 등의 고대 문명은 온난한 기후의 큰 강 유역에서 발생하여 일찍이 농경문화가 발달했습니다. 아마, 목화와 같은 섬유 식물을 길러 옷감도 짰어요. 손으로 실을 잣고 옷감을 짜려면 엄청난 시간과 노력이 들었지요. 따라서 옷감은 금처럼 귀하게 여겨졌습니다. 고대 이집트나 그리스, 인도의 옷은 옷감을 자르지 않고 그대로 몸에 둘둘 말거나 두릅니다. 귀한 옷감을 자른다는 것은 상상할 수도 없었으니까요. 반면에 기후나 토양이 거친 곳에서는 농업보다 유목문화가 발달했습니다. 가축을 키우는 유목민에게는 손쉽게 구할 수 있는 것이 천연 옷감인 가죽이었어요. 가죽을 몸에 맞게 자르고 꿰매어 옷을 만들다 보니 입체적인 옷이 발달했고요. 이렇게 서로 다른 방식의 옷을 입던 유목민과 농경민이 접촉하면서 서로의 장점을 받아들였습니다. 옷감을 잘라 몸에 맞게 꿰매어 입는 방식을 만들어 낸 것입니다.

옷감을 만드는 재료들
삼이나 모시풀, 아마로 짠 옷감은 삼베, 모시, 아마천 따위 마직물이다. 누에고치로는 비단과 같은 견직물, 양·산양·낙타 등의 털로는 모직물, 목화솜으로는 무명 따위 면직물을 짠다.
고대 문명 발상지인 나일 강 유역에서는 아마직물, 유프라테스 강 유역에서는 모직물, 인더스 강 유역에서는 면직물, 황허 강 유역에서는 견직물이 발달했다.

▼섬유 뭉치에서 실을 뽑는다
목화솜이나 양털 뭉치에서 한 끝을 살살 뽑아 잡아당기면서 막대에 감는다. 가락바퀴를 이용하여 섬유에 꼬임을 주면 더욱 단단한 실이 된다. 가락바퀴를 막대에 끼운 뒤, 막대에 섬유 한 끝을 감고 공중에서 돌리면, 섬유가 뽑혀 꼬이며 실이 만들어져 막대에 감긴다.

▲베틀을 이용하여 옷감을 짠다
베틀은 씨실과 날실을 수직으로 교차시켜 옷감을 짜는 도구다. 날실을 준비하여 베틀에 고정시키고, 씨실로 쓸 실꾸리를 날실 사이로 오가게 하여 한 줄씩 짠다. 옷감은 베틀에 따라 일정한 폭으로 나온다.

두르는 옷에서 여미는 옷까지

사람들은 바느질과 옷감 짜기, 이 두 가지 기술을 결합하여 옷을 만들었습니다. 자신들의 주위에서 구하기 쉬운 재료로 옷감을 짜고, 자신들이 사는 환경에 알맞은 모양으로 바느질을 하여 옷을 만들었어요.

무더운 열대나 아열대 지역에서는 옷을 입으면 더 더워요. 그러니 간단하고 공기가 잘 통하는 옷을 입었습니다. 아마존이나 아프리카에서는 옷을 입기보다는 몸에 색칠을 하거나 주렁주렁 장신구를 달아 꾸몄어요. 옷을 입는다 해도 천을 허리에 두르는 것처럼 간단한 것이었고요.

온도가 높고 건조한 사막기후에서는 강한 햇살에 피부가 상하고 탈수 증상이 오기 쉬워요. 이런 곳에서는 머리부터 온몸을 가리는 옷으로 햇빛을 막았습니다. 아라비아 사람들처럼요. 낮에는 뜨겁지만 밤에는 추운 사막기후를 견디려고 서아시아에서는 카프탄, 라틴아메리카에서는 판초와 같은 커다란 겉옷을 덧입기도 했지요.

온난한 기후에서는 그리스의 키톤이나 인도의 사리처럼 옷감을 그대로 몸에 두르거나 걸치는 옷이 많았습니다.

날씨가 추운 한대기후에서는 차가운 바깥 공기를 막는 게 중요합니다. 목둘레나 손목, 발목 부분이 막힌 구조의 옷이 좋지요. 원피스보다는 윗옷과 아래옷으로 나뉜 옷이 더 따뜻하고, 꼭 끼는 옷보다는 여유 있는 옷이 몸과 옷 사이에 공기층을 만들어 바깥의 냉기를 막아 줍니다. 북극 일대에 사는 이누이트들은 동물의 털가죽으로 만든 윗옷과 바지를 입어 혹독한 추위를 견뎠어요.

한반도처럼 여름에는 덥지만 겨울에는 추운 곳에서는 여러 요소들이 섞이면서 다양한 종류의 옷을 입었습니다. 이렇게 사람들은 세상 곳곳에서 자신들이 사는 기후와 풍토에 따라 다양하게 옷을 발전시켰습니다.

▲ 옷보다 장식
날씨가 덥고 습한 아마존이나 아프리카에서는 옷을 입기보다는 장신구를 달거나 몸에 채색을 하여 꾸몄다.

▶ 한 장의 천을 둘러 입는다

가장 간단한 옷은 허리 옷, 요의라고 한다. 천을 그냥 치마처럼 허리에 두르기도 하고 기저귀처럼 가랑이 사이를 통과시켜 입기도 한다.

긴 천을 몸 전체에 감는 옷은 권의, 두르는 옷이다. 천을 자르거나 꿰매지 않는다. 온난한 기후에서는 간단히 어깨에 걸치고, 사막처럼 건조한 기후에서는 머리까지 감싼다. 핀이나 허리띠로 고정시키기도 한다.

치마 입는 남자, 바지 입는 여자

남자들은 보통 바지를 입습니다. 여자들은 치마를 많이 입어요. 그럼 원래 바지는 남자 옷이고 치마는 여자 옷이었을까요?

바지는 원래 '다리 옷'입니다. 날씨가 추운 지역에서 주로 발달한 옷이에요. 북방 추운 지역에 살던 고대인들은 사냥과 목축을 하며 이동 생활을 했습니다. 이들은 추위를 막으려고 다리를 가죽이나 천으로 감았어요. 처음에는 자루 비슷한 것으로 두 다리를 각각 감싸다가, 자루 둘을 이어 한꺼번에 몸에 걸치면서 바지가 시작된 거예요. 그 뒤로 차차 발전하여 모양을 제대로 갖추게 되었지요. 북방 유목민들은 남녀 모두 바지를 입었습니다. 추위를 견디기에는 바지만큼 따뜻한 옷이 없었으니까요. 게다가 바지는 걷고 뛰기에 편하고 무엇보다 말을 탈 때 좋았지요. 고대에 몽골과 중국 북부 지역에서 살던 유목민인 흉노족이나 북유럽의 게르만족은 일찍부터 바지를 입었습니다.

하지만 이웃한 중국이나 로마 사람들은 이들을 바지 입는 야만인이라며 흉보았어요. 온화한 기후에서 농사를 지으며 살던 중국인과 로마인은 남녀 모두 원피스 형태의 옷을 입었거든요. 로마인들은 앞이 막힌 원피스 모양의 튜니카를 많이 입었고, 중국인들은 길고 넉넉한 코트 모양의 포가 기본 옷이었어요. 실제로 '신사(紳士)'라는 한자어는 커다란 포를 입고 실로 엮은 긴 띠를 드리운 선비라는 뜻이랍니다.

고대 중국 벽화. 남자들이 모두 원피스 모양의 포를 입었다.

생활방식과 문화가 다르니 옷차림도 달랐던 거예요. 그들의 눈에는 다리 모양을 드러

◀ **더운 날씨에는 바람이 잘 통하는 치마**
날씨가 더운 곳에서는 옷이란 간단히 허리에 천을 두르는 것으로 족하다. 동남아시아 말레이 열도의 섬, 티모르 남자들은 여러 가지 무늬를 넣어 짠 직사각형의 천으로 허리를 감싼다.

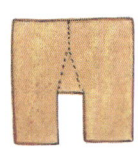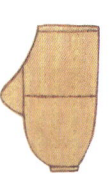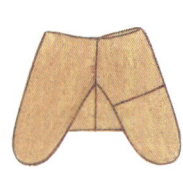

▶ **바지는 원래 다리를 감싸는 것에서 출발했다**
바지는 다리를 한쪽씩 감싸는 토시 비슷한 것에서 출발하여 다양한 형태로 발전했다. 초기 바지는 엉덩이를 제대로 가려 주지 못해서 반드시 윗도리로 엉덩이를 덮어야 했다. 오른쪽 바지는 긴 장화 형식으로 허벅지에 따로 털을 두른다.

◀ 온난한 기후의 고대 문명 발상지에서는 옷감을 몸에 둘러 입는 치마 형식의 옷이 발달했다.

내는 바지가 점잖지 않아 보였지요. 그러나 농경민들도 교역이나 전쟁을 통해 유목민들과 접촉하면서 바지가 편리하다는 사실을 깨달았습니다. 결국 바지를 따라 입게 되었지요. 처음에는 어색해서 추운 날씨에만 속에 감추어 입다가, 전쟁이 일어나면서 군인들의 옷부터 바지로 바뀌었어요. 치마는 바지와는 달리 유목민들에게 농경문화가 유입되면서 격식을 갖추어 입는 예복으로 받아들여졌고요.

바지와 치마는 서로 다른 기후와 문화권에서 출발했습니다. 바지는 날씨가 추운 북방 유목문화에서, 치마는 따뜻한 남방 농경문화에서 발달했어요. 이들이 다른 문화권에 전해지고 섞이면서 오늘날에 이른 거예요. 문화는 끊임없이 영향을 주고받으며 변화합니다.

▶ **추위를 이기려면 꽁꽁 싸매는 바지**
동서양 모두 한대기후에서는 추위를 막을 수 있는 바지가 발달했다. 북극지방에서 사는 이누이트들의 차림은 남녀 모두 비슷하다. 바다표범이나 순록 가죽으로 만든 셔츠와 바지, 모피 모자가 달린 파카를 입고 장화를 신는다.

▲ 날씨가 추운 북유럽에서 살던 게르만족은 바지와 윗옷, 겉옷, 모피를 겹겹이 걸친 북방계 옷차림을 했다. 따뜻한 남유럽에서 살던 로마인은 원피스 형태의 남방계 옷을 입었다.

문화는 서로 영향을 주고받으며 변화한다
대부분의 전통 복식은 남방계와 북방계 요소가 섞여 있다. 따뜻하다거나 활동이 편하다는 구체적인 이점 때문에, 혹은 색다른 멋을 즐기거나 신분을 과시하려고, 다른 문화권의 옷을 받아들였기 때문이다. 전쟁이나 이민족의 지배를 받으며 다른 문화가 전파되기도 한다. 문화는 끊임없이 서로 영향을 주고받으며 섞인다.

◀중세와 근세 유럽 사람들이 입던 옷이나 말레이시아 남자와 중국 먀오족 여인이 입은 전통 복식은 북방계와 남방계 요소가 뒤섞인 혼합식 복식이다.

우리 옷의 원형은 활동 편한 바지와 저고리

고대국가 부여의 얼굴 모양 금동 장식

옛날 우리 조상들은 어떤 옷을 입고 살았을까요? 요즘 우리가 입는 한복을 보면 바지저고리, 치마저고리처럼 윗옷과 아래옷이 따로 있습니다. 윗옷은 모두 앞으로 여며 입고요. 옛날에도 마찬가지였습니다. 고조선시대의 자료는 없지만 고구려 벽화를 보면 우리 조상들이 입던 옷의 기본 구조를 알 수 있어요.

고구려 사람들은 바지 위에 엉덩이를 덮는 길이의 저고리를 깊게 여며 입고 허리띠를 둘러맸습니다. 소매통이나 바지통은 좁아요. 무릎까지 내려오는 긴 겉옷을 덧입기도 했고요. 겉옷도 중국의 포와는 달리 소매통이나 품이 좁고 길이도 그리 길지 않습니다. 유라시아 대륙에 널리 퍼져 살던 북방 유목민들과 비슷한 차림이에요. 남자뿐 아니라 여자도 바지저고리가 기본 옷입니다. 치마도 입지만 치맛자락 아래로 바지가 보이는 것을 보면 격식을 갖추려고 바지 위에 치마를 덧입은 거예요. 남녀의 옷차림에 큰 차이가 없는 것 또한 실용성과 기능성을 중시하는 유목문화의 특징입니다.

윗옷의 깃, 도련, 소맷부리 등 가장자리에는 선이 둘러져 있어요. 이렇게 하면 올이 풀리는 것도 막고 장식도 됩니다. 목둘레는 곧은 깃이 많지만 둥근 깃도 있어요. 옷은 여밈이 특히 중요한데, 말 타고 사냥을 많이 하는 유목민은 대개 왼쪽으로 여밉니다. 그래야 활을 쏠 때 거치적거리지 않으니까요. 오른쪽으로 여미는 것은 중국 문화의 영향입니다. 고구려 벽화에는 두 가지 여밈이 다 나와요.

바지는 모양이 다양했어요. 통이 넓은 바지, 좁은 바지, 바짓부리를 졸라 묶는 바지, 묶지 않은 바지, 긴 바지, 무릎까지 오는 짧은 바지도 있어요. 남자와 여자의 바지 모양은 차이가 없지만, 신분이 높은 사람은 대개 넓은 바지를 입고 서민은 좁은 바지를 입었습니다.

치마는 허리부터 아랫단까지 곧게 주름을 잡은 것이 특징입니다. 아랫단에 선을 두른 치마도 있고 색동 치마도 있습니다.

상투 위에 두건, 고깔모자
남자들은 고조선시대부터 상투를 틀었다고 한다. 머리가 흐트러지지 않도록 두건을 두르거나 절풍이라는 고깔모자도 많이 썼다. 절풍은 가죽이나 천으로 만든다. 고깔모자는 유목민들이 많이 쓰는 모자다.

중앙아시아와 러시아 남부 지역에서 살던 기마 유목민족, 스키타이

◀ **남녀 모두 바지저고리가 기본 옷**
앞이 트인 저고리를 깊게 여미고 허리띠로 묶었다. 통 좁은 바지에 발목까지 올라오는 가죽신을 신고 머리는 정수리에 틀어 올렸다. 바지저고리가 기본인 우리 조상들과 달리, 일찍이 농경문화가 발달한 중국과 기후가 온난한 일본 옷의 원형은 원피스 형태다.
그러나 북방 유목민인 스키타이인들은 고구려와 마찬가지로 통 좁고 앞이 트인 윗옷에 허리띠를 두르고 몸에 붙는 바지를 입었다. 윗옷 가장자리에 장식선을 두른 것도 고깔모자를 쓰는 것도 같다.

여자 머리 모양은 가지가지
여자들은 머리를 길게 내리기도 하고 쪽을 찌거나 정수리 위에 틀어 얹기도 했다. 머리를 뒤로 묶은 뒤 반을 접어 다시 묶기도 했고, 고리 모양을 만들기도 했다. 두건을 두르거나 가발을 쓰기도 했다. 머리를 두 갈래로 묶거나 땋는 건 미혼이라는 뜻이다. 남자아이들도 두 갈래 머리를 했다.

활달한 고구려인들의 일상복 차림

바지저고리가 기본형이라도 옷차림은 다양하다. 바지 통이나 길이, 부리의 모양도 여러 가지고, 저고리 깃도 곧은 깃이 많지만 둥근 깃도 있다. 여밈도 왼쪽, 오른쪽 뿐 아니라 가운데 여밈도 있다.
무늬도 다양하다. 점무늬라도 둥근 점, 네모, 마름모가 있고 바둑판무늬도 있다. 치마는 대부분 주름치마다.

고구려, 백제, 신라의 옷은 얼마나 달랐을까

고구려 복식은 벽화를 통해 짐작할 수 있지만 백제와 신라는 복식과 관련된 유물이 거의 없다. 그러나 중국 문헌에 삼국의 언어와 풍속, 의복이 같았다고 하니 큰 차이는 없었을 것이다.
그래도 지방마다 사투리가 있고 김치 맛이 다르듯이, 나라마다 특색이 있었을 것이다. 같은 연꽃무늬 와당이라도 백제 와당은 우아하고 섬세하며, 고구려는 강건한 맛이 있고, 신라는 소박하고 고졸하다. 세 나라의 옷 또한 색상과 무늬, 의복의 선에서 저마다 독자적인 분위기가 있지 않았을까?

옷, 신분을 말하다

누구나 바지저고리를 입었지만 신분에 따라 옷차림은 달랐습니다. 같은 종류의 옷이라도 옷감이 다르고 길이나 크기가 달랐으니까요. 옷차림은 신분과 계급을 나타내기에 좋은 수단이었습니다.

왕족이나 귀족은 화려한 색과 무늬의 비단옷을 입었습니다. 소매통과 바지통이 넓고 긴 옷을 여러 벌 겹쳐 입어, 일을 하지 않는 상류계급임을 나타냈지요. 남자는 풍성하고 긴 겉옷을 입었어요. 여자는 긴 치마를 입고 어깨에는 숄을 둘렀고요. 아예 신분이 높은 사람들만 입는 옷도 있었습니다.

금, 은, 수정, 마노, 여러 빛깔의 옥과 유리로 정교하게 세공한 목걸이와 귀걸이, 팔찌, 반지, 허리띠 따위 장신구로 화려하게 치장도 했습니다. 신라에서는 무지갯빛이 감도는 비단벌레로 장식물을 만들어 옷에 달기도 했어요.

색깔로도 신분을 나타냈습니다. 관리들이 입는 옷은 등급에 따라 색깔을 정했고, 자색(紫色)이나 비색(緋色)이라 부르는 붉은색은 존귀한 색이라고 하여 보통 사람들은 입지 못했어요. 가난한 백성들은 염색하지 않은 옷이나 때가 덜 타는 거무스름한 색깔의 옷을 많이 입었지요.

모자는 눈에 잘 뜨이니 계급과 역할을 표시하기에 아주 좋았습니다. 고구려 벽화에는 이름을 다 붙이기 어려울 정도로 다양한 모자가 있는데, 가장 많은 것은 절풍과 조우관입니다. 절풍은 남자들이 많이 쓰는 고깔모자고, 조우관은 절풍에 깃털을 꽂은 것으로 신분 높은 사람들이 썼습니다. 한쪽이 삐죽 올라온 모자, 책은 관리들이 많이 썼어요. 백제 관리들은 모자에 은으로 만든 꽃 모양 장식, 은화를 꽂았다고도 해요.

왕과 왕비는 금관을 쓰기도 했습니다. 삼국시대 금관은 순금이나, 구리에 금을 입힌 금동으로 만들며 나뭇가지나 사슴뿔, 꽃, 깃털 등의 모양으로 장식했어요. 왕족과 귀족 여인들은 가발을 넣어 머리를 크게 올리고 비녀 따위 장신구를 꽂아 화려하게 꾸몄지요.

◀ 허리띠에 다는 장식물
상류층은 화려한 금속 허리띠에 여러 가지 장식물을 주렁주렁 달고 다녔다. 유목민들이 허리띠에 손칼, 숫돌 등 필수품을 달고 다니던 관습에서 유래한 것이다.

백제 관리들이 모자에 꽂던 장식, 은화

정교하게 세공한 신라 금 귀걸이

▲ 백제 왕비의 관장식
순금 판에 연꽃과 꽃병, 덩굴, 불꽃 무늬를 뚫어 새겼다. 두 개가 한 쌍으로 비단이나 가죽으로 만든 모자 양편에 장식했을 것이다.

▶ 화려한 차림으로 신분을 과시하는 신라 왕
자색 포를 입고 금관과 각종 장신구로 화려하게 치장했다. 금관은 대부분 삼국시대 고분, 특히 신라 고분에서 나온다. 신라 금관의 윗부분은 나무와 사슴뿔, 새 깃털 모양을 닮았다. 금관에 달린 곱은옥은 생명을 상징한다고 한다.

◀ 크기가 매우 작아 어린이가 썼을 가능성이 있는 신라 금관

예복을 입은 고구려 관리
소매가 넓고 땅에 끌리는 긴 포는 중국의 영향을 받은 예복이다. 머리에 쓴 모자는 관리들이 쓰는 책이다.

비단벌레로 만든 장식물, 옥충식

정교하고 세련된 장신구
삼국시대에는 금속가공 기술이 발달하여 장신구를 많이 만들었다. 특히 표면에 깨알만한 금 알갱이를 붙여 장식하는 누금 기법을 많이 썼다. 섬세한 세공이 돋보이는 목걸이와 귀걸이, 반지는 신라, 은팔찌는 백제 것이다.

새 깃털을 꽂은 고깔모자, 조우관
고구려 벽화에 가장 많이 나오는 모자다. 무사나 관리처럼 신분 높은 이들이 썼다. 깃털을 꽂은 이유는 사냥감을 놓치지 않는 매처럼 용맹하라는 뜻도 있고, 새가 죽은 이의 영혼을 하늘에 전한다고 믿기 때문이기도 하다.

모자도 겹겹이, 옷도 겹겹이
고구려 안악3호분 벽화의 주인공이다. 중국에서 유행하던 모자인 농관을 쓰고, 소매통과 품이 넉넉한 포를 여러 벌 겹쳐 입었다. 높은 신분이라는 것을 쉽게 알 수 있다.

가발로 화려하게 꾸미고
고구려 벽화를 보면 가발을 넣어 머리를 크게 얹는 것이 유행이었던 듯하다. 옷은 섬세한 무늬가 놓인 고급 옷감으로 지었다.

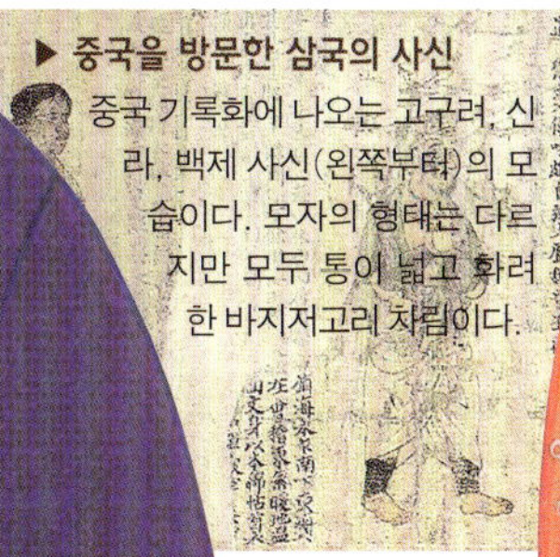

▶ **중국을 방문한 삼국의 사신**
중국 기록화에 나오는 고구려, 신라, 백제 사신(왼쪽부터)의 모습이다. 모자의 형태는 다르지만 모두 통이 넓고 화려한 바지저고리 차림이다.

유행에는 국경이 없다

고구려 벽화에는 색동 치마를 입은 여자들이 나옵니다. 그런데 이런 색동 치마를 입은 여인을 중국 당나라 그림이나 일본 벽화에서도 볼 수 있습니다. 그때에도 유행이 있었기 때문이에요. 유행은 아주 먼 옛날부터 있었습니다. 요즘보다 사회 변화가 느리고, 규제가 많고, 재료가 넉넉하지 않아서 속도가 더디었을 뿐이지요. 가발을 넣어 머리를 크게 얹고, 얼굴에 연지를 찍고, 색동 치마를 입는 게 당시 동북아시아에서 유행하던 패션이었습니다. 누가 먼저 시작했는지는 분명하지 않지만요. 색동 치마를 입은 여자들은 대개 신분이 높은 사람입니다. 아무래도 상류층이 외국 문물을 쉽게 접했으니까요.

통일신라 때는 저고리를 입고 그 위로 치마를 가슴 높이까지 올려 입는 게 유행이었습니다. 그 위에 '반비'라고 하는 반소매 옷을 입거나 '표'라는 숄을 둘렀어요. 이 또한 당시의 중국과 발해, 일본에서도 유행하던 차림입니다.

옷감이나 보석, 공작의 꽁지깃, 비취모 등을 외국에서 수입하기도 했습니다. 비취모는 동남아시아 지역에 사는 물총새 깃털이에요. 색깔이 비췻빛으로 무척 아름다워서 옷감에 섞어 짜거나 비녀 같은 장신구에 붙였어요. 서역에서 나는 푸른색 보석, 슬슬도 귀족들의 장신구에 많이 쓰였다고 해요. 슬슬은 사파이어나 에메랄드, 터키석 같은 보석으로 추측됩니다.

물론 여자들만 국제적인 유행을 따른 건 아니었습니다. 신라 진덕여왕 때, 김춘추가 당나라에서 관복으로 복두와 단령을 들여왔어요. 복두는 검은 비단으로 만든 모자, 단령은 깃이 둥근 포예요. 일본도 당나라 관복을 들여다 입었으니 그 시절 동북아시아 관리들은 다 비슷한 차림을 했지요. 이 차림은 그 뒤로 쭉 관리들의 옷으로 이용되었고, 지금도 전통 혼례 때 신랑이 입는 예복으로 남아 있어요.

고구려 수산리 무덤 벽화

▼ 색동 치마를 입은 귀부인

왼쪽부터 6, 7세기경의 중국, 일본, 고구려 귀부인이다. 모두 색동 치마를 입고 얼굴에는 연지를 찍었다. 새롭고 신기한 외국 문물은 상류층이 먼저 접하고 먼저 받아들인다.

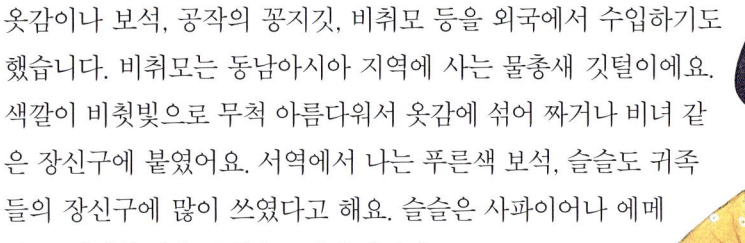

일본 아스카시대 다카마쓰 무덤 벽화

▶ 동북아시아 관리들은 복두에 단령 차림
통일신라 시기 한중일 관리들은 모두 검은 비단으로 만든 모자인 복두를 쓰고, 깃이 둥글고 길이가 긴 겉옷, 단령을 입었다.
왼쪽부터 일본, 중국, 통일신라 관복 차림이다.

▼ 복두와 사모, 조금씩 달라지는 관복
관복은 시대에 따라 모양이 조금씩 바뀌었다. 특히 복두는 모자 모양, 날개의 모양과 위치가 달라졌다. 고려 말부터 조선시대에는 복두보다는 그와 비슷한 사모를 많이 썼다.

▶ 천이백 년 전의 멋쟁이
통일신라시대 귀족 여인들은 서고리에 반소매 윗옷을 덧입고 그 위에 치마를 가슴까지 올려 입은 뒤 숄을 둘렀다. 고구려 귀부인과 확연하게 다른 옷차림이다. 당나라 복식의 영향을 받아 당시에 유행하던 차림이다.

다듬이질하는 당나라 여인

▼ 실크로드를 따라 오가는 문물과 유행
교통이 발달하지 않은 고대에도 문물의 교류는 활발하였다. 비단길과 바닷길을 통해 아시아 전역과 유럽의 문물이 오고 가며 서로 영향을 미쳤다. 복식과 문양, 공예 기법 등이 전해지고 옷감과 보석 따위가 거래되었다.
통일신라 귀부인이 머리에 꽂던 장신구, 슬슬전에는 서역에서 나는 푸른 보석이 박혀 있다. 신라 고분에서 나온 팔찌와 반지는 로마 양식이고, 구슬 목걸이의 곱은옥 위 푸른 구슬은 페르시아 풍의 유리공예 기법으로 만든 것이다.

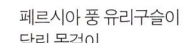

페르시아 풍 유리구슬이 달린 목걸이

로마 양식의 반지와 팔찌

서역에서 나는 푸른 보석이 박힌 머리 장식, 슬슬전

베일을 쓴 고려 아가씨

너울을 쓴 조선시대 궁녀

책이나 텔레비전에서 얼굴을 검은 천으로 가린 이슬람 여성들을 본 적 있을 거예요. 흰 면사포를 쓴 신부를 본 적도 있을 테고요. 그런데 한반도에서도 이런 베일이 유행한 적이 있었답니다. 중국 송나라 사신 서긍이 쓴 기행문 《고려도경》에는 고려 여인들이 얼굴에 검은 몽수를 드리우고 다녔다고 쓰여 있어요. 이 몽수가 바로 베일입니다.

우리는 보통 이슬람 여성들이 이슬람교의 창시자 무함마드의 가르침에 따라 베일을 쓴다고 생각합니다. 하지만 베일은 이슬람교가 생기기 전부터 썼어요. 시리아의 팔미라 유적지에는 베일 쓴 사람을 묘사한 부조가 있습니다. 이 부조는 무함마드가 태어나기도 전에 새긴 거예요. 심지어 기원전 1200년경의 아시리아 유물에도 노예나 포로가 아닌 여성은 꼭 베일을 쓰라는 내용이 쐐기문자로 새겨져 있어요. 베일을 쓰면 모래바람과 햇빛을 가릴 수 있고 상류층 여성이라는 표시도 되었답니다.

그런데 이 베일이 실크로드를 거쳐 중국 당나라에 전해지면서 궁녀들 사이에서 크게 유행한 거예요. 특히 말을 타거나 여행할 때 베일을 쓰면 먼지나 바람을 막을 수 있어 좋았지요. 통일신라는 당나라와 교류가 활발했으니까, 어쩌면 고려시대 이전에 통일신라 여인들이 베일을 썼을 가능성도 있어요.

고려 때 유행한 몽수는 아주 얇은 검은색 비단으로 만든 베일이에요. 길이가 무려 여덟 자나 되어서 땅에 질질 끌렸고 값도 상당히 비쌌지만 여인들은 앞다투어 몽수를 썼습니다. 물론 내외를 하려고 얼굴을 가린 건 아니었어요. 멋을 부리려고 쓴 거지요. 거리를 다닐 때는 몽수를 걷어 올리고 걸어 다녔대요. 곱게 치장한 활달한 고려 여인들이 검은 몽수 자락을 휘날리며 말달리는 모습은 무척 아름다웠을 거예요.

▶▶ 베일은 덥고 건조한 기후에서 발달했다

베일은 사막의 모래와 햇빛을 가리기 좋아서 남자들이 쓰기도 한다. 덥고 건조한 사막기후 지역의 베일은 늘어뜨리기보다는 주로 두르는 형태다.
베일은 머리를 가리는 것에서부터 눈만 겨우 내놓고 몸 전체를 가리는 것까지 모양도 종류도 다양하다.

북아프리카 타젤무스트 / 이슬람 히잡 / 이슬람 부르카

내외용 쓰개는 주로 조선시대

조선 초기 여인들은 몽수와 비슷한 너울을 쓰고 다녔다. 그러나 조선 후기에 유교가 생활 속에 깊숙이 뿌리를 내리면서, 여인들은 외출할 때 말 대신 가마를 타고 장옷이나 쓰개치마로 얼굴을 가렸다. 남녀 차별이 심해진 탓이다. 너울은 궁중 여인들이 외출할 때 썼다.

쓰개치마

장옷

처네

중세 유럽의 에넹과 베일

당나라 유모

검은 베일 휘날리며 나들이 간다
화려한 겉옷과 검은 몽수로 한껏 멋을 낸 고려 여인들이다. 말 타기 편하게 바지를 입었다. 아무리 얇다 해도 땅에 끌릴 정도로 긴 몽수는 거추장스러웠을 것이다. 아름답게 보이려고 불편함을 견디는 것은 예나 지금이나 다르지 않다.
몽수는 조선시대 너울과 비슷한 모양이었을 것이다. 너울은 대나무로 만든 모자에 얇은 천을 너울너울 어깨까지 드리운 것이다.

각양각색, 고려 말과 조선 초 사람들의 차림

삼국시대에는 남녀 저고리가 모두 엉덩이를 덮을 정도로 길고 허리띠를 둘러 여몄어요. 통일신라 때는 여자들이 치마를 저고리 위로 가슴까지 올려 입으면서 저고리 길이가 전보다 짧아졌지요. 물론 저고리를 겉으로 내어 입은 차림도 계속되었고요. 그럼 고려시대에는 어떠했을까요?

《고려도경》에 따르면 왕실의 옷이나 관리들이 입는 관복은 중국의 영향을 받았지만, 백성들의 옷차림은 고려와 중국이 크게 달랐다고 합니다. 남녀 모두 백저포를 입으며, 여자들이 노란 치마나 문릉고를 입었다는 내용도 있어요. 문릉고는 바지입니다. 고려 여인들은 삼국시대와 마찬가지로 치마를 입기도 했지만, 바지저고리 차림으로도 나다녔다는 걸 알 수 있어요. 백저포는 흰색 모시로 만든 겉옷입니다.

외국과의 교류는 계속되었습니다. 고려 말에는 원나라 풍속이 유행하기도 했어요. 원나라는 몽골인들이 세운 나라입니다. 보통 연지와 족두리, 짧은 저고리가 원나라의 영향을 받아 생긴 것이라고 하는데, 이는 사실이 아닙니다. 연지는 고구려 벽화에도 나오고, 여자 저고리가 짧아진 것은 조선 후기의 일이니까요. 족두리가 원나라 여인들이 쓰던 고고관에서 유래했다는 것도 분명하지 않습니다. 그러나 철릭과 장도를 차는 풍속이 유행한 것은 원나라의 영향이 맞아요. 철릭은 윗옷과 치마가 붙은 원피스 모양의 옷으로 허리에 주름이 있어서 말을 타거나 활동하기가 편합니다. 철릭은 조선시대에도 널리 입었어요.

고려 말이나 조선 초 저고리 중에는 삼국시대 저고리의 특징인 장식선과 허리띠가 없는 옷이 많습니다. 깃 위에 동정을 단 저고리도 등장합니다. 이 시기의 여자 저고리는 길이도 다양했어요. 긴 것도 있고, 짧은 것도 있고, 저고리를 치마 위로 올려 입기도 하고, 치마 속에 넣어 입기도 했어요. 옆트임이 있는 긴 저고리에 가는 허리끈을 매기도 했고요. 각양각색, 다양한 옷이 등장했던 시절입니다.

▲ **족두리 등장하다**
족두리는 검정색 옷감 7쪽을 이어 만든다. 장식 없이 그냥 쓰기도 하고 보석으로 꾸미기도 했다. 고려 말 조선 초에는 커다란 모자만 했는데, 점점 작아져서 조선 후기에 이르면 지금과 같은 크기로 줄었다. 원나라 여성들이 쓰던 고고관에서 족두리가 유래되었다는 주장도 있다.

▲ **저고리 위로 치마를 올려 입은 귀부인**
고려 말과 조선 초의 관리 하연의 아내 이씨의 초상화다. 통일신라 때 유행하던 옷차림처럼 저고리 위로 치마를 높이 올려 입고 겉옷 위에 숄을 둘렀다. 저고리 깃에 흰 동정이 달려 있다. 머리는 가발과 장신구로 화려하게 꾸몄다.

▶ **저고리를 치마 위로 내어 입은 귀부인**
조선의 개국공신 조반의 아내 정경부인 이씨의 초상화다. 머리에 커다란 족두리를 쓰고, 치마 위에 허리를 덮는 저고리를 입고 소매 넓은 겉옷을 여미지 않고 걸쳤다. 비슷한 시기의 요나라나 원나라 벽화 속 귀부인들과 비슷한 차림이다.

고려 말의 문신 안향

원나라 황제 쿠빌라이

고려 말의 문신 이제현

◀▲ 고려 말기 관리의 머리 모양
우리 조상들은 고조선시대부터 죽 상투를 틀었지만, 원나라를 세운 몽골인들은 머리를 박박 밀고 일부만 남겨 길게 땋아 늘이는 개체 변발을 했다. 만주에 살던 여진족, 거란족과 같은 유목민들에게도 조금씩 모양은 다르지만 비슷한 풍습이 있었다. 원나라의 지배를 받던 고려 말, 관리들은 한동안 개체 변발을 하라는 압력을 받았다. 안향과 이제현의 초상화는 정수리가 납작하다. 상투를 올리는 대신에 개체 변발을 한 것으로 짐작된다.

▲ 철릭은 저고리에 주름치마를 붙인 모양
철릭은 원나라의 영향으로 고려 후기부터 입기 시작했다. 허리에 넉넉하게 주름을 잡아서 말을 타거나 활동할 때 편하다. 반소매 철릭도 있고 매듭단추를 달아 소매를 뗐다 붙였다 할 수 있는 철릭도 있다.

▲ 조선 초기 여자 저고리는 허리를 덮는 길이
고구려 저고리보다는 짧지만 조선 초기에도 여자 저고리의 길이는 허리를 덮을 정도로 길었다. 허리띠는 없고 고름으로 여몄다.

▲ 유학자의 옷, 심의
심의는 고려 중기 이전에 중국에서 들어왔다. 소매통과 품이 넉넉하고 발끝을 가릴 정도로 길며 검은 선을 둘렀다. 고려 말에 주자학이 전래된 뒤로 유학자들이 주로 입었다.

고려 여인들과 비슷한 옷차림을 한 원나라 귀부인

꼭대기가 둥근 갓
조선 초기의 갓은 모자 꼭대기 부분이 둥글었다. 조선 중기에 이르러서야 꼭대기가 평평한 원통형으로 바뀐다. 옷은 깃이 곧고 흰 동정을 단 직령이다.

▼ 조선 초기 여인들의 긴 저고리
고려 말에 태어나 조선 초에 죽은 밀양 사람 박익의 무덤 벽화에는 옆트임이 있는 긴 저고리를 입고 가는 허리끈을 맨 시녀들이 그려져 있다.

목화가 바꾸어 놓은 것

고려 말 공민왕 때, 원나라에 사신으로 갔던 문익점이 귀국하며 목화씨를 가져왔습니다. 문익점은 장인 정천익과 함께 경상도 산청에 목화씨를 심어 삼 년 만에 재배에 성공했어요. 이리하여 한반도에서도 목화를 기르게 되었습니다. 목화 열매가 익으면 하얗게 솜이 맺힙니다. 이 목화솜으로 실을 자아 짠 옷감이 무명입니다. 목화는 고려 말에 들어와서 조선시대에 널리 퍼졌습니다. 그럼 목화가 들어오기 전에는 무엇을 입고 살았을까요?

한반도 일대에서는 아주 오래전부터 삼과 모시풀로 실을 자아 삼베와 모시를 짰습니다. 고조선시대에는 누에를 쳐서 비단과 같은 견직물도 짰어요. 삼베나 모시는 시원한 옷감이라 여름에는 좋지만 겨울철에는 문제입니다. 비단은 가볍고 따뜻하고 아름답지만 예나 지금이나 값이 비싸요. 백성들은 입을 엄두조차 내기 어려웠지요. 도리어 동물의 털가죽을 방한용으로 많이 입었을 거예요. 담비나 여우 털가죽은 귀하고 값진 것이니 귀족들의 차지였겠지만, 토끼 털가죽이나 개가죽은 값이 눅었으니까요. 삼국시대에 모직물과 면직물을 사용했다는 기록도 있습니다. 백제시대 유물로 면직물이 발굴되기도 했고요. 하지만 모두 외국에서 수입한 것으로 왕족이나 귀족들만 입었으니 백성들의 옷과는 거리가 멀어요.

목화가 들어온 뒤로 백성들의 의생활이 크게 바뀌었습니다. 무명은 봄부터 가을, 겨울까지 두루 입을 수 있는 옷감이에요. 무명에 목화솜을 두어 누비옷을 지으면 한겨울에도 든든하지요. 무명은 다른 옷감보다 짜기도 쉽고, 값도 싸고, 질겼어요. 식구들이 입을 옷과 이부자리를 손수 만들어야 했던 조선 여인들에게 무명은 더없이 좋은 옷감이었지요. 조선 사람들은 무명옷을 입고 목화솜 이불을 덮었습니다. 무명은 조선시대에 가장 널리 쓰인 옷감입니다.

▲ 서민들의 단출한 옷차림
서민은 옷 한 벌 장만하는 것도 큰일이다. 여름에는 짧은 홑바지인 베잠방이에 조끼처럼 생긴 등거리 하나면 족하고, 무명옷 한 벌이면 봄가을을 난다. 그저 치마저고리, 바지저고리가 전부고, 겉옷이라곤 옆이 터진 긴 저고리처럼 생긴 소창의 정도다. 옷이 해지면 기워 입고, 기우기 힘들 정도로 낡으면 성한 부분을 잘라 다른 데 쓴다. 작은 천 조각 하나도 허투루 버리지 않는다.

▶ 목화 덕에 따뜻한 겨울
남자는 목화솜을 두둑하게 넣어 누빈 누비두루마기를 입고, 짚으로 엮은 둥구니신을 신었다. 여인들은 누비저고리를 입었다. 옷감을 누비면 따뜻할 뿐 아니라 내구력이 생겨 세탁하기 편하다. 줄무늬가 빚어내는 독특한 아름다움도 있다.

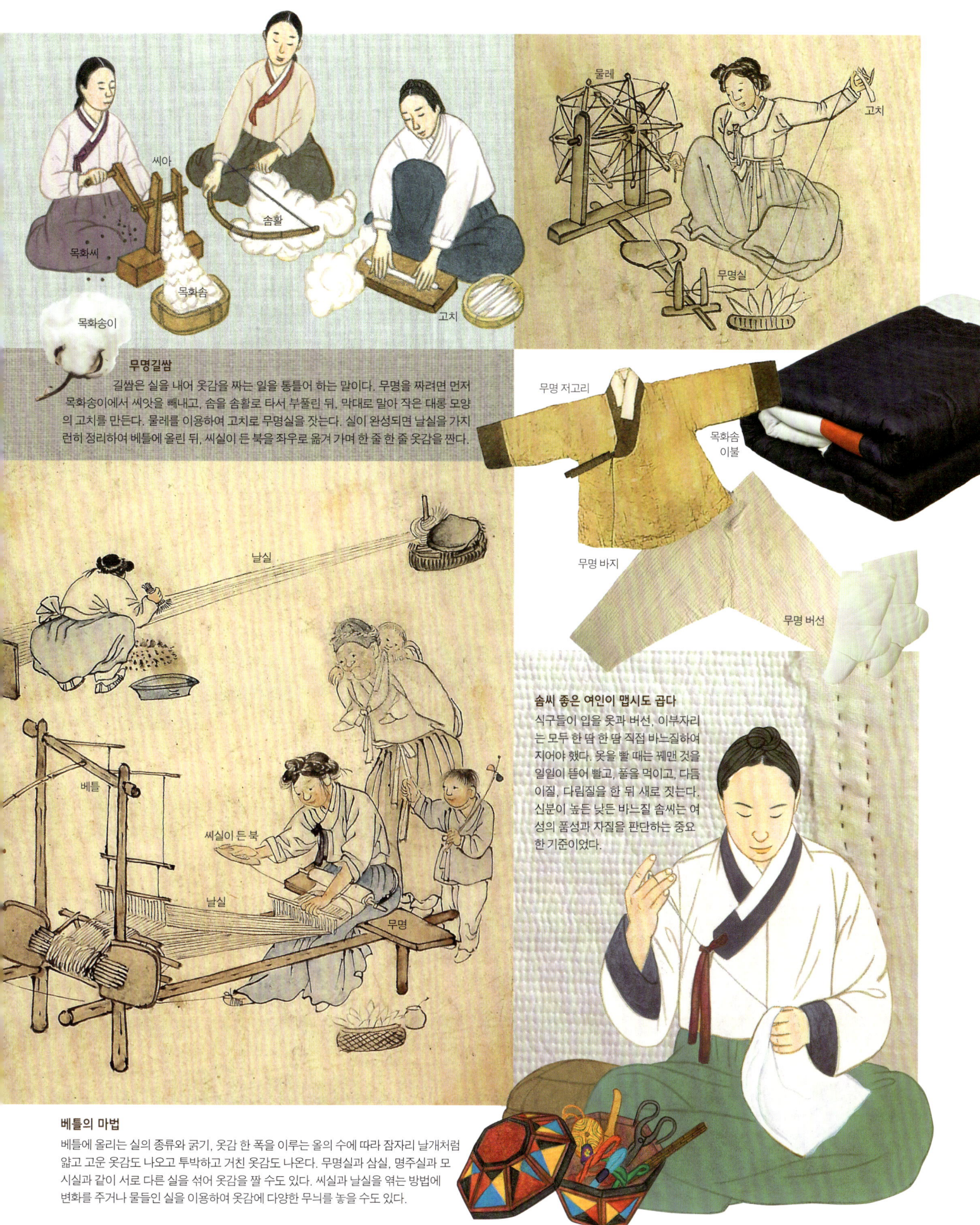

무명길쌈

길쌈은 실을 내어 옷감을 짜는 일을 통틀어 하는 말이다. 무명을 짜려면 먼저 목화송이에서 씨앗을 빼내고, 솜을 솜활로 타서 부풀린 뒤, 막대로 말아 작은 대롱 모양의 고치를 만든다. 물레를 이용하여 고치로 무명실을 잣는다. 실이 완성되면 날실을 가지런히 정리하여 베틀에 올린 뒤, 씨실이 든 북을 좌우로 옮겨 가며 한 줄 한 줄 옷감을 짠다.

솜씨 좋은 여인이 맵시도 곱다

식구들이 입을 옷과 버선, 이부자리는 모두 한 땀 한 땀 직접 바느질하여 지어야 했다. 옷을 빨 때는 꿰맨 것을 일일이 뜯어 빨고, 풀을 먹이고, 다듬이질, 다림질을 한 뒤 새로 짓는다. 신분이 높든 낮든 바느질 솜씨는 여성의 품성과 자질을 판단하는 중요한 기준이었다.

베틀의 마법

베틀에 올리는 실의 종류와 굵기, 옷감 한 폭을 이루는 올의 수에 따라 잠자리 날개처럼 얇고 고운 옷감도 나오고 투박하고 거친 옷감도 나온다. 무명실과 삼실, 명주실과 모시실과 같이 서로 다른 실을 섞어 옷감을 짤 수도 있다. 씨실과 날실을 엮는 방법에 변화를 주거나 물들인 실을 이용하여 옷감에 다양한 무늬를 놓을 수도 있다.

멋스러운 선비의 옷

실용에 멋을 더하는 주머니
허리춤에 차는 주머니는 멋 내기로도 한몫한다. 술띠, 장도, 부채와 함께 단조로운 옷차림에 포인트가 된다.

조선 선비들의 초상화를 보면 단정하고 품위 있는 모습이 돋보입니다. 유교를 숭상하던 조선시대에는 화려한 것보다는 단아하고 절제된 아름다움을 선호했어요. 옷도 정갈하고 위엄이 있으면서 은근하게 멋스러운 차림을 했지요.

조선시대 남자 옷 가운데 가장 두드러지는 것은 다양한 종류의 긴 겉옷입니다. 양반들은 봄가을이나 겨울뿐만 아니라 날씨가 더운 여름에도, 외출할 때는 물론 집 안에서도 바지저고리 위에 겉옷을 갖추어 입었습니다. 여름에는 모시나 삼베처럼 시원한 옷감으로, 봄가을에는 무명이나 명주로, 겨울에는 솜을 두어 누비거나 두툼한 견직물로 지었어요. 모양이나 종류도 다양했고요.

옷을 입을 때는 먼저 한삼과 속바지를 입고, 그 위에 저고리와 바지를 입었습니다. 한삼은 속저고리로 땀받이 옷이라는 뜻입니다. 바짓부리는 대님이라 부르는 가는 끈으로 졸라매거나, 끈 달린 토시 모양의 행전을 정강이에 끼우고 둘러맸습니다. 저고리 위에는 품이 넉넉한 옷을 여러 벌 덧입었습니다. 양옆이 트인 중치막을 입고, 소매가 없는 답호를 덧입고, 그 위에 깃이 둥근 단령을 입는 것처럼요. 이렇게 옷을 입으면 겹쳐 입은 옷의 색이 아련히 비치기도 하고, 자락이 펄럭일 때마다 안에 입은 옷이 살짝 엿보여 멋스러웠어요. 특히 긴소매 옷 위에 반소매인 답호를 겹쳐 입는 레이어드룩은 우리 조상들이 즐기던 방식입니다.

지나치게 복잡해 보이는 것을 꺼렸기 때문에 옷감의 무늬가 뚜렷한 것은 피했습니다. 무늬가 있다 해도 스민 무늬로 은근하게 멋을 냈어요. 어린이나 여성의 옷은 고름이나 끝동, 깃에 다른 색을 대어 화려한 맛을 주었지만, 남자 옷은 대개 단색이었습니다. 안감을 겉감과 대조되는 색으로 하여 옷자락이 펄럭일 때마다 보이도록 은근히 멋을 내는 정도였지요. 겉옷 색깔은 옥색이나 흰색처럼 옅은 색이 많았고, 바지저고리도 흰색이나 옥색, 연회색, 연보라 등을 입어 정갈한 느낌을 주었습니다.

윗옷은 대개 고름으로 여미지만, 긴 옷 위에는 다시 허리띠를 둘렀습니다. 다홍, 자주, 녹색 등 갖가지 색의 화려한 허리띠가 단아한 옷에 악센트 역할을 했어요. 허리띠를 매는 위치는 시간이 지날수록 위로 올라가서 조선 후기에는 가슴에 맸어요. 치마 부분이 길어지면서 더욱 우아한 멋을 풍겼지요.

조선 남자의 옷맵시를 좌우하는 포
남자 겉옷은 깃과 소매의 모양, 품과 길이, 트임과 주름, 장식선, 색상 등에 따라 여러 종류가 있다. 대부분 양반들이 입는 옷이고 일반 백성은 기껏해야 소창의를 입는다.

소창의 / 두루마기 / 도포(뒤) / 전복 / 동다리 / 학창의 / 단령

멋스러움을 더하는 술띠

명주실을 엮어 짠 가느다란 끈에 술을 단 허리띠를 실띠, 술띠, 세조대라고 한다. 붉은색, 자색, 청색, 녹색, 회색, 검정 등 여러 색이 있다. 오색실로 짠 띠는 따로 채조라고 부른다. 술띠 이외에 명주실로 넓고 납작하게 엮은 광다회, 천으로 만든 대대 등의 허리띠도 있다.

◀▼ 선비는 언제 어디서나 의관 정제

선비는 언제나 의관, 즉, 옷과 모자를 격식에 맞추어 차려입어야 한다.
맨 왼쪽, 옷 가장자리에 검은 선을 두른 학창의를 입은 이는 실내용 모자인 정자관을 쓴 것으로 보아 집에 있을 때의 차림이다. 그 옆 젊은 선비는 포 위에 소매 없는 답호를 덧입어 은은한 배색으로 멋을 냈다.
오른쪽 두 사람은 도포를 입었다. 도포는 조선 양반들이 가장 많이 입던 겉옷이다. 뒷길 아랫쪽이 트여 있어 움직이기 편하면서도 그 위를 가리는 뒷자락이 있어 뒷모습이 우아하다.

갓 쓰고 꽃 꽂고

조선시대 잔치 그림을 보면 남자들이 모자에 꽃을 꽂고 있습니다. 잔치에 참석한 사람은 남녀노소 모두 머리에 꽃을 꽂았어요. 과거에 급제하면 임금이 내린 종이꽃, 어사화를 꽂고 거리 행진도 했지요. 조선 남자들은 귀걸이도 했습니다. 귓불을 뚫기도 하고 귓바퀴에 걸기도 했어요. 머리에 꽃을 꽂거나 귀걸이를 하는 것은 남녀가 크게 다르지 않았어요. 옛날에는 동서양 모두 남성들이 치장을 많이 했거든요. 신분이 높을수록 교양을 쌓고 멋을 내는 데 시간을 많이 들였지요. 조선 남자들은 수염을 가꾸는 것은 물론이고 얼굴에 분을 바르는 분세수도 했답니다.

뭐니 뭐니 해도 조선 남자의 멋은 모자를 쓰는 것으로 완성되었습니다. 남자들은 어른이 되면 땋아 늘였던 머리를 정수리로 빗어 올려 달걀만 한 크기로 맵시 있게 상투를 틀었어요. 상투가 풀어지지 않도록 동곳을 꽂고, 말총으로 엮은 헤어밴드인 망건을 둘렀지요. 그리고 그 위에 여러 가지 모자를 썼습니다. 양반들은 상투 바람을 속옷 차림이나 다를 바 없다고 여겼기 때문에 잘 때를 빼고는 실내에서도 늘 모자를 썼어요.

가장 대표적인 모자는 외출할 때 쓰는 갓입니다. 갓은 햇빛을 온전히 가리지도 못하고 따뜻하지도 않아요. 하지만 갓은 조선 고유의 멋을 담은 모자입니다. 머리카락처럼 가느다란 말총과 대오리로 섬세하게 엮어서 햇빛을 은은하게 걸러 주어요. 반투명한 검은색이라 엷은 색의 넉넉한 옷과 어우러지면 단정하고 품위 있는 차림이 완성됩니다. 갓에 구슬로 만든 장식 갓끈을 덧달아 화려함을 더하기도 했지요. 갓에도 유행이 있어서 모자의 높이와 모양, 차양의 폭은 시대마다 달랐습니다. 조선 후기에는 차양이 어깨를 덮을 정도였다가 나중에는 우산만큼이나 넓어지기도 했어요. 갓은 대개 검은색이지만 붉은 옻칠을 한 주립도 있습니다. 주립은 주로 무관들이 썼어요. 흰색 갓인 백립은 왕이나 왕비가 죽어 국상이 났을 때 썼습니다.

집 안에서 쓰는 모자로는 탕건을 비롯하여, 양반들이 주로 쓰는 사방관, 와룡관, 정자관, 동파관 등 여러 가지가 있었습니다. 선비들은 두건의 일종인 유건과 복건도 즐겨 썼어요.

남자들의 머리 장신구

동곳은 상투가 풀어지지 않도록 꽂는 남성용 비녀다. 부유한 양반들은 금은보석으로 만든 동곳을, 백성들은 대개 나무나 뿔로 만든 것을 썼다.
관자는 망건을 고정시키는 작은 고리다. 재료와 모양에 따라 신분을 표시하는 역할도 했다. 옥관자나 금관자는 고급 관리인 당상관 이상만이 할 수 있었다.
풍잠은 망건의 앞쪽에 다는 장식물로 바람에 갓이 넘어가지 않게 한다.

조선 선비의 은 귀걸이

귀걸이를 하는 풍속은 조선시대까지도 여전했지만, 조선 후기에 유교의 영향력이 커지면서 점차 줄어들었다. 특히, 귓불을 뚫는 귀걸이는 부모에게 물려받은 몸을 손상시킨다는 이유로 비난받았다.

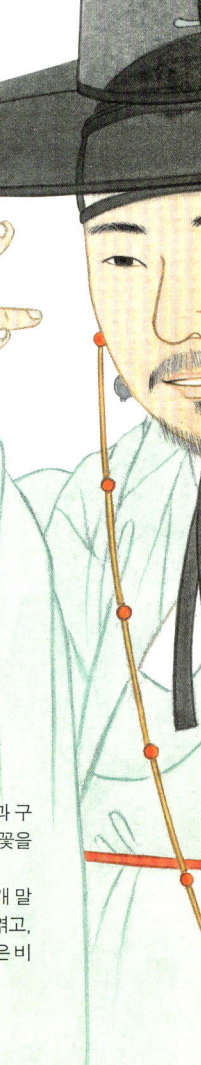

▶ 은근하게, 우아하게
옥색 도포에 붉은 술띠, 검은 갓에 대나무 대롱과 구슬로 만든 갓끈, 은 귀걸이로 한껏 멋을 냈다. 꽃을 꽂은 걸 보면 경사스런 잔치에 참석한 모양이다.
갓은 양반을 상징하는 모자다. 모자 부분은 대개 말총으로, 차양은 실처럼 가늘게 쪼갠 대오리로 엮고, 그 위에 비단실을 한 올 한 올 입히거나 아주 얇은 비단천을 올린 뒤 옻칠을 한다.

주립

사방관

▲▶ 네모난 사방관, 山자 모양의 정자관
사방관과 정자관은 사대부들이 집 안에서 많이 쓰던 모자다. 정자관은 보통 2단이나 3단도 있다. 대개 말총으로 만든다.

복건

유건

유학자들이 쓰는 두건, 복건과 유건
복건은 유학자들이나 미혼 남자들이 쓰던 검정색 두건으로 뒷자락이 길게 늘어진다. 양옆에 달린 끈을 머리 뒤에서 묶어 고정시킨다. 유건은 유학자들이 쓰는 대표적인 모자다. 검정색 천으로 만든 것도 있고 말총으로 짠 것도 있다.

초립 쓴 총각
초립은 왕골이나 대오리 따위를 엮어 만든 모자로 미혼 남자들이 주로 쓴다.

정자관

겨울에 쓰는 모자, 풍차
겉은 천이고 안에 털을 덧댔다. 귀가리개 부분을 뒤로 젖혀 묶은 모습이다. 정수리는 뚫려 있다.

우산을 닮은 모자, 방립
상을 당한 이들이 외출할 때 쓰는 모자다. 비슷한 모자로 삿갓이 있다.

망건

상투관

탕건

상투 위에는 망건, 망건 위에는 상투관이나 탕건
망건은 말총으로 엮은 헤어밴드다. 상투관은 상투에 씌우는 작은 모자로 나무나 가죽, 종이, 천, 뿔 따위로 만든다. 탕건은 말총으로 만든다. 집 안에서는 탕건만 쓰고, 외출할 때는 그 위에 갓을 쓴다.

비 올 때 갓 위에 쓰는 갓모(갈모)

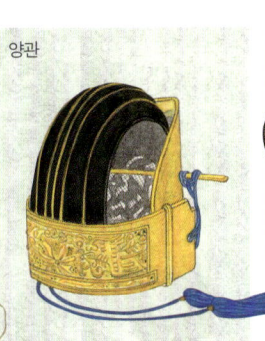
양관

사모

관복에 쓰는 모자, 사모와 양관
사모는 관리들이 평상시 근무할 때 쓰는 모자, 양관은 가장 화려한 예복인 조복 차림에 쓰는 모자다. 도금한 것이 금관처럼 화려하다고 금관이라고도 부른다.

무관이 쓰는 전립
동물 털에 열과 압력을 가해서 엉키게 하여 만든 모자다. 신분이 높은 관리는 꼭대기에 정자라고 하는 장식품을 달고 공작의 꽁지깃과 구슬 끈 등을 덧달아 꾸민다.

저고리는 짧게, 치마는 풍성하게

핸드백 대신 주머니
주머니는 남녀노소 모두 차는 장식품이자 실용품이다. 그림처럼 둥근 것은 두루주머니, 모서리가 뾰족하면 귀주머니다.

이전 시대와 달리 조선 여인들은 바지를 겉옷으로 입지 않았습니다. 바지는 온전히 속옷이 되었어요. 치마를 저고리 위로 올려 입지도 않았습니다. 대신 저고리 길이는 점점 짧아졌지요. 그래도 조선 중기까지는 길이가 허리까지 내려오고 품도 넉넉했는데, 조선 후기에 들어서는 품도 길이도 급격히 줄었어요. 깃과 소매통도 덩달아 좁아졌고요. 치마는 저절로 치켜 입게 되었습니다. 하지만 아무리 치마를 치켜 입어도 가슴을 가리기가 어려워서 허리띠로 가슴을 꽁꽁 싸맸어요. 그 위에 속적삼을 입고 저고리를 입었지요. 저고리 위에 겉옷을 덧입지는 않았습니다. 외출할 때는 장옷이나 쓰개치마를 걸치는 정도였어요.

꼭 끼는 저고리와 반대로 치마는 풍성하게 부풀렸습니다. 치마폭도 넓었지만 속옷을 겹겹이 입으니 부풀 수밖에 없었어요. 다리속곳, 속속곳, 속바지, 단속곳을 겹겹이 입고, 예복을 입을 때는 무지기치마와 대슘치마까지 덧입어 더욱 부풀렸지요.

지체 높은 부인들은 외출할 때 가마를 탔습니다. 땅을 밟을 일이 없으니 치마는 땅에 끌릴 정도로 길게 입었어요. 가볍게 외출할 때는 치마를 가슴까지 걷어 올리고, 띠로 묶어 끌리지 않게 했지요. 이렇게 하면 치마 아래로 속옷 자락이 보여요. 그래서 속바지 바짓부리 쪽에 고운 천을 덧대거나 곱게 누벼 장식을 하기도 했습니다. 치마 색상은 젊어서는 다홍치마, 중년에는 남치마, 나이 들어서는 옥색이나 회색 계통을 많이 입었어요. 남편이 살아 있으면 아무리 나이가 들어도 큰일이 있을 때는 남치마를 입었습니다.

저고리 위에 덧입는 누비 반팔 배자

저고리는 처녀나 새댁은 연두나 노랑같이 밝고 화사한 색을, 나이가 들면 옥색을 많이 입었습니다. 가장 많이 입은 것은 흰색이에요. 저고리의 색깔이 연하니까 깃과 고름, 끝동에 다른 색을 대어 생기 있게 꾸몄습니다. 자줏빛처럼 붉은 색을 많이 썼는데, 나이가 많을수록 어두운 색상을 썼지요. 안고름은 늘 고운 빨강이나 진분홍으로 했어요. 남색 끝동도 했는데 이는 아들이 있다는 표시입니다. 양반은 겨드랑이 부분에도 다른 색을 댔어요. 이를 곁마기라고 합니다. 깃과 고름, 끝동, 그리고 곁마기에 색을 댄 저고리는 삼회장저고리입니다. 예복에는 거들지라고 하여 소매 끝에 흰색 천을 덧대기도 합니다.

17세기

앞자락을 접어 올려 꿰매서, 입으면 치마 뒷자락이 길게 땅에 끌리도록 만든 예복 치마

▶ 조선시대 속옷

브래지어와 팬티 역할은 허리띠와 다리속곳이 한다. 그 위에 속속곳, 속바지, 단속곳을 차례로 입었다. 속바지는 겨울에는 솜바지, 봄가을에는 겹바지를 입었다. 여름에 입는 홑바지는 고쟁이다. 허리띠 위에는 속적삼을 입는다. 속적삼은 저고리 모양이고 매듭단추로 여민다.
예복을 입을 때는 무지기치마와 대슘치마를 덧입는다. 무지기치마는 층층으로 이루어져 겉치마를 부풀리는 속치마, 대슘치마는 밑단에 종이띠를 붙여 치맛자락이 넓게 펼쳐지도록 만든 속치마다.

▼ 짧게, 더욱 짧게 - 여자 저고리의 길이 변화
조선시대 내내 저고리 길이는 점점 짧아지고 품과 소매통은 좁아졌다. 18세기 중엽을 지나 19세기에 이르면 저고리 길이가 겨드랑이에 닿을 정도가 된다. 저고리의 변화는 깃과 섶의 모양, 아랫단과 소매의 선, 배색에서도 드러난다. 깃 끝을 살짝 깎아 낸 듯한 당코깃은 17세기 중반부터 등장했다.

16세기
17세기
18세기
19세기
20세기 초

19세기

▲ 간소한 예복 차림
겹겹이 속옷을 갖춰 입어 치마가 풍선처럼 부풀었다. 보통 예복은 저고리 위에 당의나 원삼을 입고, 치마도 남치마, 홍치마를 겹겹이 입지만, 이렇게 간소하게 족두리만 쓰기도 한다.

▶ 옷차림에 화려함을 더하는 노리개
조선 여인들은 목걸이나 귀걸이 대신 노리개를 많이 했다. 노리개는 보석과 매듭, 술 장식이 어우러진 장신구로 저고리 고름이나 치마허리에 달아 늘어뜨린다.
은은한 향내를 풍기는 향갑이나 향낭 노리개도 있고, 바느질 도구나 은장도에 매듭과 술을 달아 차기도 한다. 명절이나 잔칫날에는 노리개 세 개를 한 벌로 만든 삼작노리개를 단다.

◀▼ 위는 꼭 맞게 아래는 풍성하게
조선 전기 여인들은 큰 옷을 입어 점잖고 품 위 있는 차림을 했지만, 조선 후기에는 저고리는 꼭 끼고 치마는 풍성하여 극단적으로 대비를 이루는 실루엣이 유행했다. 관능적이고 화려한 차림이라서 유학자들의 비난을 샀다고 한다.
길이가 짧고 몸통, 소매 할 것 없이 몸에 꼭 끼는 저고리는 기생들이 앞장서서 유행시켰고 양반집 부인네들이 이내 따라 하며 널리 퍼졌다.

허리띠
다리속곳
속속곳
속바지
단속곳
무지기치마
대슘치마
속적삼

구름 같은 머리에 산호잠 꽂고

조선 남자의 멋이 갓과 같은 모자로 완성되었다면, 여인들의 멋은 단연 다채로운 머리 모양이었습니다. 처녀들은 머리를 길게 땋아 늘여 붉은 댕기를 드렸는데, 댕기가 발꿈치에 차일 정도로 길어야 미인이라고 했습니다.

혼인하면 땋은 머리를 올려 칭칭 감거나, 정수리로 틀어 올리거나, 뒤로 쪽을 짓는 등 여러 가지 모양으로 멋을 냈습니다. 이렇게 올린 머리도 풍성해야 미인이었지요. 미인을 묘사할 때 쓰는 삼단 같은 머리나 구름 같은 머리라는 말은 모두 숱이 많고 긴 머리를 뜻합니다. 머리가 풍성하면 화려한 머리 장식품을 꽂기에도 좋았어요. 그래서 예복을 입을 때는 가발을 여러 묶음 넣어 머리를 얹었는데, 이것이 가체입니다.

그런데 나날이 가체가 커지고 머리 장식이 사치스러워져서 나라에서 머리 모양을 단속하고 나섰습니다. 영조 임금은 가체 금지령을 내리고, 정조 임금은 사대부 집안의 부인들에게 모두 쪽머리를 하라고 지시했어요. 예복을 입을 때에는 가체 대신 나무로 깎은 틀을 얹거나 족두리, 화관을 쓰게 했고요. 이 명령은 나름대로 효과를 거두었답니다. 19세기 초 순조 임금 때에 이르면 양반집 부인들은 대부분 쪽머리를 했으니까요. 이때부터 이마 중앙에 반듯하게 가르마를 타고 쪽을 찐 모습이 단아하고 정숙한 조선 여인의 상징이 되었습니다.

쪽머리에는 가발이 별로 필요하지 않았어요. 대신 금은보석으로 만든 비녀와 뒤꽂이를 꽂아 머리를 장식했지요. 예복 차림에는 갖은 보석으로 꾸민 화관이나 족두리를 얹었고요. 이런 장신구에 다는 진주나 호박, 산호 따위 보석은 대개 수입품이라 무척 비쌌습니다. 백성들은 구경하기도 어려웠지요. 하지만 그때에도 모조품이 있어서 가짜 보석으로 족두리를 장식하기도 했답니다.

외출을 하려면 장옷이나 쓰개치마 따위로 얼굴을 가려야 하는 시절이었지만, 스스로를 아름답게 꾸미려는 여인들의 열정은 꺾이지 않았어요.

제비부리댕기

외출할 때는 장옷이나 쓰개치마

뒤꽂이

검은 머리를 화사하게 꾸미는 장신구
틀어 올린 머리는 비녀로 고정시킨다. 비녀는 금이나 은, 옥이나 산호, 비취, 진주 같은 보석으로 만들었다. 칠보를 입히기도 했다. 가난한 백성들은 값싼 백동 비녀나 나무 비녀를 꽂았다. 비녀는 머리 부분이 봉황 모양이면 봉잠, 매화 모양이면 매화잠, 대나무 마디 장식이면 죽절잠이라고 부른다.
뒤꽂이는 일종의 머리핀이다. 보석이나 칠보로 꽃이나 나비 모양을 만들어 머리에 꽂는다. 예쁜 귀이개나 빗치개도 꽂는다. 예복을 입을 때 큰머리에 꽂는 떨잠은 장식에 용수철이 달려서 움직일 때마다 떨린다고 하여 떨잠이다.

떨잠 / 얼레빗 / 비녀 / 참빗

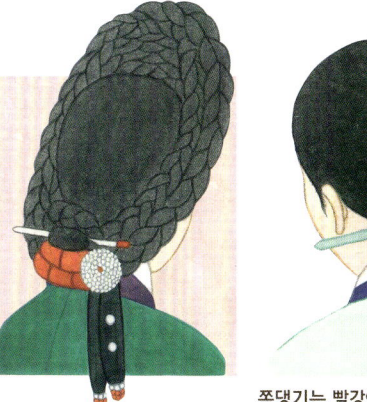

두 갈래로 땋아 둥글게 올린 얹은머리
제 머리만으로 소박하게 얹기도 하고 가발을 여럿 넣어 풍성하게 꾸미기도 한다. 얹은머리는 머리를 얹는 방식이나 가발을 넣는 양에 따라 여러 가지 모양으로 변형된다.

쪽댕기는 빨강이나 붉은 자주
나이 든 부인은 건은 자주색, 미망인은 검정, 상복에는 흰색이다.

단아하고 정갈한 쪽머리
정중앙에 가르마를 타고 머리를 빗어 넘긴다. 한 줄로 땋아서 쪽댕기를 들여 쪽을 찐 후에 비녀로 고정시킨다.

미혼 여성 예복 차림엔 새앙머리
두 갈래로 땋은 머리를 말아 올려 묶고 그 위에 댕기를 드린다.

경사스런 날에는 족두리
쪽머리 위에 족두리를 올렸다. 장식 없는 민족두리도 있다.

기녀들이 쓰는 전모와 가니마
전모는 우산 모양이다. 대나무 틀에 기름 먹인 종이를 바르고 박쥐·태극·나비 따위 무늬나 글자를 넣어 장식한다. 가니마는 이마를 가린다고 하여 가리마, 한자어로는 차액이라고도 부른다. 사각모를 쓴 것 같은 모양이다. 의녀들도 썼다.

▲▶ **겨울에 쓰는 모자, 조바위와 아얌**
조바위는 귀를 완전히 덮는다. 아얌은 댕기 모양의 아얌 드림을 뒤로 길게 늘이고 드림 중앙에 보석을 단다. 둘 다 정수리 부분은 트였고 앞뒤에 붉은 술을 단다.

왕실 여인들의 화려한 머리치장
왕실 여인들은 가발과 나무틀 따위로 큰머리를 얹고 족두리, 여러 종류의 댕기와 비녀, 떨잠, 첩지로 머리를 화려하게 꾸민다. 첩지는 가르마에 얹는데 왕비와 세자빈은 봉황 장식이 달린 첩지, 나머지는 개구리첩지다.

알록달록 아이 옷

조선시대 아이 옷은 어른 옷과는 달리 색깔도 알록달록하고 아기자기하게 꾸며 발랄해 보입니다. 하지만 아기가 태어나자마자 처음부터 화려한 옷을 입히는 것은 아니에요.
아기에게 처음 입히는 옷이 배냇저고리인데, 배냇저고리는 아버지의 낡은 무명 바지를 잘라 만듭니다. 낡은 무명천은 보드라워서 연약한 아기 피부에 좋거든요. 귀한 아기에게 일부러 개똥이와 같이 천한 이름을 지어 액막이를 하는 것과 같은 이치이기도 합니다. 물론 염색하지 않은 흰 천이에요. 치마처럼 생긴 두렁이로 배를 따뜻하게 덮어 주기도 합니다. 백일에는 아기가 건강하게 오래 살기를 빌며 이웃에게서 얻은 자투리 천 조각들을 이어서 백 쪽 저고리를 만들어 입혀요.
돌이 되면 아이들도 어른과 같은 종류의 옷을 입습니다. 돌옷은 색색의 자투리 천을 모아 지은 색동옷입니다. 이렇게 여러 색깔을 모으는 데에는 고운 옷을 입히려는 어머니의 정성도 있고 나쁜 기운이 들어오는 걸 막으려는 뜻도 있어요.
남자 아기는 풍차바지와 저고리, 오방장두루마기와 전복을 입고, 머리에는 복건이나 호건을 썼습니다. 풍차바지는 밑이 터지고 조끼허리가 달린 바지이고, 오방장두루마기는 오색 천으로 만든 색동두루마기입니다. 허리에는 알록달록 곱게 수놓은 돌띠를 두릅니다. 여자 아기는 풍차바지 위에 노란 속치마와 다홍치마, 색동저고리, 초록 당의를 입습니다. 머리에는 굴레나 조바위를 쓰고요. 굴레는 색동 끈으로 만드는 모자인데 돌부터 네댓 살까지 씁니다. 발에는 타래버선을 신습니다. 타래버선은 벗겨지지 않게 버선목에 끈을 달고 예쁘게 수놓은 버선이에요. 남자는 남색 끈, 여자는 빨간색 끈입니다.

아이 옷은 어른 옷과 모양은 같지만, 배색이 화려하고 자수와 금박 무늬로 예쁘게 장식을 했습니다. 한 땀 한 땀 놓은 자수와 금박 무늬에는 아이의 건강과 복을 비는 어머니의 마음이 담겨 있어요.

아기의 복을 비는 돌띠
돌띠에는 오곡을 넣은 주머니를 올망졸망 단다. 아기가 평생 넉넉하게 살기를 바라는 뜻이다.

아기가 처음 입는 옷, 배냇저고리
배기지 않게 깃과 등솔기 없이, 손과 배를 덮을 정도로 길게 만든다. 무명실로 고름을 만든 데에는 장수를 비는 뜻이 담겨 있다.

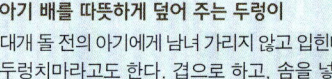

아기 배를 따뜻하게 덮어 주는 두렁이
대개 돌 전의 아기에게 남녀 가리지 않고 입힌다. 두렁치마라고도 한다. 겹으로 하고, 솜을 넣어 누비기도 한다.

풍차바지와 타래버선
풍차바지는 대소변을 못 가리는 아기가 입는 바지다. 밑이 트여서 기저귀를 쉽게 갈 수 있다.

알록달록 고운 색동옷
명절이면 여자아이는 색동저고리에 조바위, 남자아이는 오방장두루마기에 호건을 쓴다. 호건은 위가 터진 복건에 호랑이 귀를 달고 눈·코·입을 수놓은 것이다.

추울 때 쓰는 모자, 남바위
풍차와 비슷하나 볼을 감싸는 볼끼가 없으면 남바위다. 남녀노소 모두 쓴다.

남자아이들이 쓰는 복건
아이가 쓰는 복건에는 건강과 장수를 비는 글자나 무늬를 금박으로 찍었다.

▼ **아이들의 일상복**
아이들의 옷은 모양은 어른과 같아도 분홍, 다홍, 노랑, 연두 등 고운 색이 많다. 아주 어린 아이들은 저고리 고름을 길게 만들어 가슴에 한 바퀴 둘러매어 준다.

바둑판처럼 나누어 땋은 종종머리
숱이 적고 짧은 머리는 흐트러지지 않게 바둑판 모양으로 땋아 묶는다. 배씨댕기나 빨간 끈을 넣어 함께 땋는다.

호건

여자아이용 운혜

남자아이용 태사혜

소창의

굴레

배씨댕기

끈으로 만드는 아기 보자, 굴레
한양은 세 가닥, 개성은 아홉 가닥으로 만든다. 금박을 찍거나 수를 놓고, 뒤쪽에 장식 댕기를 달아 늘이기도 한다.

여자아이 머리장식, 배씨댕기
배씨댕기는 비단에 배의 씨 모양 은장식을 올리고 양쪽에 끈을 단 것이다. 끈을 머리카락과 함께 종종 땋는다.

모피 옷과 가죽 신발

조선 사람들도 모피나 가죽으로 지은 옷을 입었습니다. 추운 겨울을 나려면 그만한 게 없었으니까요. 특히 풍차나 남바위 같은 겨울 모자나 팔뚝에 끼는 토시에 모피를 많이 썼어요. 날씨가 추운 북쪽 지방에서는 양털이나 토끼털을 안에 댄 저고리나 배자도 즐겨 입었습니다. 이렇게 털가죽으로 만든 옷을 갖옷, 갖저고리라고 합니다.

모피로 안을 댄 남바위

털모자를 만드는 장인

가죽은 종류도 많고 품질도 가격도 차이가 많이 났어요. 개가죽은 값이 싸서 가난한 사람들이 썼습니다. 개가죽으로 두루마기도 만들었다고 합니다. 돼지 가죽은 뻣뻣해서 일반 옷에는 쓰지 않고 조각조각 이어서 갑옷 안쪽에 대었습니다. 양은 많이 기르지는 않았지만 털가죽째 토시나 갖옷을 만들었어요. 토끼, 담비, 여우의 털가죽은 따뜻하고 아름다워 인기가 높았지요.

가장 고급은 초피라고 부르는 담비 털가죽입니다. 초피는 모자나 토시에 많이 쓰였고 저고리와 배자 같은 옷도 만들었습니다. 외국에서 수입해 오는 것이라 값이 엄청나게 비쌌는데도, 양반은 물론 일반 백성들 사이에서도 초피가 널리 유행했다고 합니다.

신발도 가죽으로 만들었습니다. 가죽으로 지은 신은 갖신, 갖신을 짓는 사람은 갖바치입니다. 갖신 한 켤레를 지으려면 일흔일곱 번 손이 간다고 할 정도로 공이 많이 들었습니다. 신발 바닥을 만들 때는 소가죽을 많이 썼고, 말가죽은 두께가 얇아서 신코나 뒤축을 장식할 때 썼습니다. 개가죽은 특히 얇아서 신발 운두를 감쌀 때 부분적으로 썼지요. 사슴 가죽으로 지은 녹비혜는 고급 신발입니다.

물이 새지 않도록 가죽을 기름에 절여서 진 땅에서 신는 진신도 만들었습니다. 진신은 밑창에 징을 박았다고 하여 징신이라고도 했어요. 가죽에 비단을 씌워 만든 신은 색이 고와서 꽃신, 비단신이라고 했습니다.

가난한 백성들은 갖신은커녕 기껏해야 짚신이나 삼실로 엮은 미투리를 신었습니다. 맨발로 다니는 일도 많았고요. 비 오는 날에는 나무를 파서 만든 나막신, 눈 오는 날에는 짚을 엮어 장화 모양으로 만든 둥구니신도 신었습니다.

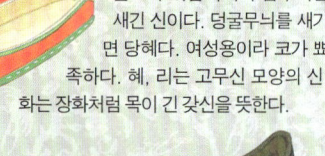

구름무늬를 새긴 운혜
앞코와 뒤꿈치에 구름무늬를 새긴 신이다. 덩굴무늬를 새기면 당혜다. 여성용이라 코가 뾰족하다. 혜, 리는 고무신 모양의 신, 화는 장화처럼 목이 긴 갖신을 뜻한다.

▲ 땅에서 신는 진신
기름 먹인 가죽으로 지은 신이다. 징신, 유혜라고도 한다. 밑창에는 징을 박는데 가장자리에만 박기도 하고 중간 부분까지 촘촘하게 박기도 한다.

◀ 줄무늬를 새긴 태사혜
사대부들이 평상시에 신는 갖신이다. 신코와 뒤축에 흰 가죽으로 줄무늬를 새겼다. 남성용이라 신코가 도톰하다.

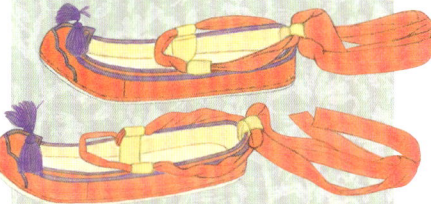

왕과 왕비의 의례용 신발, 석
왕과 왕비, 세자와 세자빈이 예복 차림에 신는다. 안팎을 모두 비단으로 싸고 발목에는 끈을 달았다. 푸른색도 있다.

관리들이 신는 목화
목화는 관복을 입을 때 신는 장화 모양의 신이다. 검정색 천이나 가죽으로 만든다. 국상이 났을 때는 흰색 백목화를 신는다.

비 올 때 신는 나막신
나막신은 비나 눈이 올 때 진 땅에서 많이 신었다. 처음에는 판판한 나무토막에 끈을 단 모양이었다가, 차차 굽 달린 신발 모양으로 바뀌었다. 나무를 신발 모양으로 깎은 뒤, 갈라지지 않도록 밀랍을 발랐다.

백성들의 신발, 짚신과 미투리
짚신은 보통 볏짚으로 만들지만 왕골·부들·칡·닥나무 껍질로도 만든다. 삼으로 엮은 미투리는 짚신보다 촘촘하고 고급이다. 한지를 꼬아 엮은 지총미투리, 가죽으로 엮은 가죽미투리, 칡덩굴로 엮은 청올치신도 있다.

혼례 날에는 공주처럼 부마처럼

혼인은 예나 지금이나 아주 중요한 행사입니다. 혼례식을 일생 최고의 행사로 꾸미고 싶은 마음은 예나 지금이나 동양이나 서양이나 다르지 않아요. 요즘은 신부가 흰색 웨딩드레스를 입지만, 이는 19세기에 등장하여 20세기에 널리 퍼진 유행입니다. 그 전에는 어느 나라나 대부분 신부가 가진 옷 중에서 가장 좋은 옷을 입거나 붉은색 혼례복을 입었습니다. 우리나라도 마찬가지였어요. 조선시대 신부 예복인 활옷도 붉은 비단에 화려한 자수를 놓은 옷입니다. 활옷은 원래 공주의 예복이에요. 아무나 입을 수 있는 옷이 아니었지요. 그러나 혼례 날만은 예외였습니다. 신랑 또한 벼슬이 없어도 관복인 단령을 입고 사모를 썼어요.

신부는 원삼을 입기도 했습니다. 원삼은 계급에 따라 색이 정해져 있었는데 일반인들은 공주의 색인 녹색 원삼을 입었어요. 물론 왕비나 공주는 금사를 섞어 화려하게 짠 옷감으로 원삼을 지어 입고, 상궁이나 양반집 부인은 기껏해야 가슴에 두르는 띠에만 금박을 찍어 입었지요.

형편이 넉넉한 집은 예복을 장만해서 자녀들이 혼례 때마다 돌아가며 입었습니다. 활옷과 원삼을 둘 다 마련하여 초례와 폐백 때 번갈아 입기도 했고요. 하지만 보통 사람들은 값비싼 활옷이나 원삼을 마련하기 어려웠어요. 웨딩드레스를 빌리듯이 조선시대에도 활옷을 비롯하여 혼례복 일습을 빌려주는 집이 있었습니다. 이웃에서 빌려 입기도 했고요. 원삼을 장만해서 남에게 세 번 이상 빌려주고 죽을 때 수의로 입으면, 죽어서 좋은 곳에 간다는 말도 있었습니다. 이웃을 돕고 살자는 뜻이 담긴 풍속입니다.

한겨울이라도 신부는 혼례 날 모시 속적삼을 입었어요. 모시는 시원한 여름용 옷감이니 시집 가서 답답한 일 없이 속 시원하게 살라는 뜻입니다. 또 신부의 저고리 깃과 신랑의 바지춤 한 귀퉁이에 목화솜을 얇게 두었는데, 이는 솜이 부풀어 오르듯 살림이 번창하라는 뜻이에요.

▲ 혼인 60주년을 맞아 치르는 회혼례
부부가 혼인을 한 지 만 60년이 되면 이를 축하하며 다시 혼례를 치른다. 이를 회혼례라 한다. 노부부는 예복 차림으로 혼례를 치르고 잔치를 벌여 자손과 손님들의 축하를 받는다.

꿈과 소망을 담은 활옷 무늬
활옷에 수놓은 무늬에는 입은 이의 행복을 비는 뜻이 담겨 있다. 연꽃을 든 동자는 아들을 많이 낳기를 기원하는 무늬다. 봉황과 백로는 부부의 금슬과 화목을, 모란과 연꽃은 애정과 인연, 풍요를 나타낸다. 특히 모란은 부귀와 아름다움과 음양의 조화를 상징하는 꽃으로 활옷의 중심 무늬로 쓰였다. 나비와 물결, 바위는 장수를 뜻한다.

 동자
 모란
 봉황
 나비
 백로
 연꽃

◀▶ 사모관대를 한 신랑, 화관 쓰고 원삼을 입은 신부
사모관대란 사모와 관대, 즉 관복 차림을 뜻한다. 신랑이 손에 든 것은 얼굴 가리개, 사선이다. 차선이라고도 한다.
신랑의 차림은 대개 비슷하지만 신부의 혼례복은 형편에 따라, 지역에 따라 차이가 많이 난다. 개성과 평양에서는 신부가 이처럼 조화로 화려하게 꾸민 화관을 썼다. 평양에서는 혼례 때 털배자를 입기도 했다.

▶ 입고 또 입고 – 신부의 예복 일습
신부는 저고리 삼작이라 하여 모시 적삼, 속저고리, 삼회장저고리를 겹쳐 입고, 치마도 남치마, 다홍치마를 겹쳐 입는다. 그 위에 원삼이나 활옷을 입은 뒤 대대를 맨다. 머리에는 화관이나 족두리를 쓰고, 큰 비녀에 앞댕기를 감아 양쪽으로 드리우고, 뒤에는 도투락댕기를 늘어뜨린다.

경사스런 날에는 삼작노리개
산호, 백옥, 밀화로 만든 노리개 세 개를 한 벌로 만든 삼작 노리개다.

머리에는 화관이나 족두리
화관은 옥·비취·마노·산호·진주 등의 구슬로 장식한 작은 화관, 큰머리에 색색의 조화로 장식한 화관 등 여러 종류가 있다. 족두리는 각종 구슬로 화려하게 장식한 꾸민족두리다.

꾸민족두리

구슬 장식 화관

조화로 꾸민 화관

활옷

원삼

큰비녀와 앞댕기
도투락댕기
모시 적삼
속저고리
삼회장저고리
남치마
홍치마
활옷
대대

▲ 활옷은 뒤태가 중요하다
활옷이나 원삼은 앞보다 뒤가 훨씬 화려하다. 두 손을 모으면 소맷자락에 옷의 앞자락이 가려지기 때문이다. 뒤태를 강조하는 것은 우리 옷 고유의 멋이기도 하다. 제비부리댕기, 신부의 도투락댕기, 아얌에 달린 아얌드림 등이 좋은 예이다.

임금에서 무당까지, 조선 복식 열전

구중궁궐 속 임금은 임금대로 저잣거리의 백성은 백성대로 옷을 입었습니다. 기본 옷차림이야 남자는 바지저고리와 긴 겉옷을 입고, 여자는 치마저고리를 입는 것입니다. 신분이 높으면 빛깔 고운 고급 옷감으로 지은 옷 여러 벌에 화려한 장신구로 치장을 하고, 신분이 낮고 가난하면 거친 옷감으로 지은 옷 한두 벌로 사계절을 나는 것이 다를 뿐이에요. 임금도 개인적인 처소에서는 벼슬을 하지 않은 선비들과 다름없는 옷차림을 했으니까요.

그러나 임금과 관리들이 나랏일을 할 때는 따로 관복을 입었습니다. 특별한 의식이나 행사 때에는 그에 맞는 예복용 관복을 입었고요. 평상시 일할 때 입는 관복, 나라의 경사나 축하 의식 때 입는 관복, 제사를 지낼 때나 외국에 사신으로 나갈 때 입는 관복이 달랐습니다. 예를 중시하는 유교 사회답게 옷의 종류, 색깔, 무늬까지 법으로 정해 놓았지요. 임금이 입는 옷, 벼슬 높은 관리가 입는 옷, 말단 관리가 입는 옷, 문관이 입는 옷, 무관이 입는 옷…. 신분에 따라, 하는 일에 따라 입는 옷이 모두 달랐습니다.

▼ **백성들의 일상복**
남자는 바지저고리, 여자는 치마저고리 차림이다. 치마는 두루치라는 짧고 좁은 치마라 활동하기 편하다. 남자들은 머리에 수건을 두르거나 패랭이를 쓴다.
비가 올 때는 커다란 삿갓을 쓰고 짚이나 띠 같은 풀로 촘촘하게 엮은 도롱이를 걸친다.

임금과 왕비의 일상복
평소에 임금은 둥근 용보를 단 곤룡포를 입고 익선관을 쓴다. 왕비는 금실로 짜거나 금박을 찍은 당의와 스란치마를 입는다.

화려한 예복으로 성장한 왕과 왕비
즉위식이나 혼례처럼 중요한 행사 때의 차림이다. 왕은 면류관을 쓰고 면복을 입는다. 왕비는 대수라고 부르는 큰머리에 꿩 무늬를 수놓은 적의를 입는다.

상궁들의 일상복
상궁은 남치마에 초록 당의를 입고 머리에는 개구리첩지를 얹는다.

왕비를 비롯한 왕실 여인들과 궁궐에서 일하는 궁녀들도 엄격하게 격식을 차려 예복을 입었습니다. 궁궐은 많은 사람들의 만남이 이루어지는 국가의 중심지이자 최고의 관청이었으니까요.

벼슬하지 않은 백성들도 가족과 친척이 죽었을 때나 제사를 지낼 때, 혼례 날처럼 특별한 때에는 특별한 차림을 했습니다. 예나 지금이나 옷은 때와 장소에 맞추어 입는 것이었습니다.

▶▶ 조선시대 경찰, 포졸과 나장
나장이나 포졸은 소매 없는 검정색 반비를 입는다. 의금부 나장은 특별히 흰색 줄무늬를 놓은 반비를 입는다. 머리에는 전립이나 고깔 모양의 두건을 쓴다.

죽은 이를 애도하며 입는 상복

굿할 때 입는 화려한 무녀복

예나 지금이나 비슷한 승복

관리들이 입는 옷
왼쪽은 중요한 행사 때 입는 관복인 금관조복, 중앙은 일상 근무복인 사모와 단령이다. 가슴에는 네모 단 흉배를 단다. 오른쪽은 무관이 입는 군복이다.

선비들의 옷차림
양반은 언제나 바지저고리 위에 긴 겉옷을 입는다. 외출할 때는 갓을 쓰고, 집에 있을 때는 동파관·정자관·복건과 같은 모자를 쓴다.

양반집 여인들의 옷차림
이 여자들은 언제나 치마저고리 차림이다. 외출할 때는 장옷이나 쓰개치마로 얼굴을 가린다.

세상이 바뀌니 옷도 바뀌고

▶ 개화기의 양장

▶ 대한제국 황제가 된 고종의 군복

흑단령

개화기 양복

서양식 관복

옷차림은 세상의 변화를 민감하게 반영한다
1884년 조선의 관복이 흑단령으로 통일되었다. 1895년에는 단발령이 시행되고 군복이 서양식으로 바뀌었다. 1897년에는 대한제국이 선포되었고, 1900년에 이르면 모든 관복이 서양식으로 바뀌었다.

만인 평등의 옷, 두루마기

조선은 신분이 엄격하게 구별되는 계급사회였습니다. 옷은 그 신분을 나타내는 중요한 수단이었어요. 입고 싶은 대로 마음대로 입을 수 있는 것이 아니었지요.

그러나 세월이 흐르고 세상이 바뀌었습니다. 조선이 개항을 하면서 서구 문물이 들어오기 시작했어요. 조선은 문물을 개혁하여 부강한 나라를 세우려는 목표를 세웠습니다. 사회 전반에 개혁이 시작되었어요. 마침내 1894년, 고종 임금이 신분 제도를 폐지한다는 명을 내렸습니다. 양반과 상민, 천민의 구별을 없앤 거예요.

이러한 변화는 옷차림에도 반영되었습니다. 계급에 따라 달리 입던 관복이 흑단령으로 통일되었어요. 양반을 상징하는 차양 넓은 갓, 소매통 넓은 겉옷도 금지되었습니다. 남자는 모두 좁은 갓에 간편한 두루마기로 간소하게 입어야 했어요.

그뿐이 아니었지요. 고종 임금은 상투를 잘랐습니다. 백성들에게도 상투를 자르라는 단발령을 내렸고요. 서양식 옷차림도 들여왔습니다. 군복이 서구식으로 바뀌고, 관복도 양복으로 바뀌었어요. 반발도, 저항도 거셌습니다. 머리카락은 부모에게 물려받은 것이니 자를 수 없다며, 수천 년 내려온 고유의 문화를 바꿀 수는 없다며 반발했어요. 그러나 변화는 계속되었습니다. 양복을 입는 사람이 늘고, 학생들의 옷도 서양식으로 바뀌었습니다. 서양 복식의 급속한 전파는 세계적인 흐름이었지요. 서구화 과정을 겪은 다른 나라들처럼 원래 입던 옷에 서양 옷을 섞어 입는 현상이 나타났습니다. 두루마기 차림에 갓 대신 서양 모자를 쓰고 구두를 신거나, 저고리 위에 주머니 달린 서양식 조끼를 입는 것처럼요.

여성들은 비교적 자유로운 분위기에서 양장을 입기 시작했습니다. 외교관 부인이나 유학생처럼 외국 생활을 한 여성들은 양장을 했지만, 보통 여성들은 계속 치마저고리를 입었어요. 물론 쓰개치마나 장옷은 사라졌지요. 대신 여자들도 두루마기를 입었습니다. 가슴을 가리기도 어려울 정도로 짧던 저고리는 활동하기 편하도록 다시 길어졌고, 치마는 발목이 드러날 정도로 짧아졌어요. 여름철에 적삼을 반소매로 만들어 입는 사람도 생겼지요. 여성의 사회 활동이 늘면서 치마저고리를 보다 편리하게 개량하려는 노력이 활발하게 일어난 거예요.

변화에 대한 거센 저항이 무너지자, 급격한 변화가 시작되었습니다. 양복을 입는 사람은 날이 갈수록 늘었어요. 서양 옷을 입기 시작한지 겨우 오륙십 년 만에 보통 사람들의 일상복이 서양식 옷차림으로 바뀌었습니다.

활동하기 편하게 개량된 치마저고리

1920년대 모자 광고

전통 복식과 서양 복식이 섞이다

바지저고리에 두루마기를 입었다. 짧게 자른 머리에 서양 모자인 중절모를 쓰고 구두를 신었다. 안경을 쓰고 개화장이라 부르던 지팡이까지 챙겨 든 1920~30년대 남자들의 나들이 차림이다.

▼ **서양식 옷차림, 일상으로 파고들다**

1900년대 초엽에 양복은 개화파와 극소수 상류층만 입는 옷이자 근대 문물의 상징이었다. 1920년대부터 차츰 양복 입는 사람이 늘었지만 일상복은 여전히 전보다 간소해진 한복이었다.

보통 사람들의 일상복이 서양식 옷차림으로 바뀐 건 1950년대 이후다.

◀ **신여성의 상징, 단발머리**

수천 년 동안 길고 풍성한 머리를 아름답다고 여겼으니, 여성의 단발머리도 상투를 자르는 것만큼이나 충격적인 일이었다. 단발머리는 1920년대에 여학생들 사이에서 유행하며 신식 교육을 받은 여성의 상징이 되었다. 파마머리는 1930년대 후반에 등장했다.

일제강점기 방직 회사 광고

옷, 산업이 되다

옷감이나 옷을 마련하는 방식도 바뀌었습니다. 개항과 함께 서양과 일본에서 기계로 생산한 옷감이 조선에 들어왔어요. 기계로 짠 면직물은 베틀로 짠 무명보다 폭이 넓어서 '광목', 옥처럼 하얀 서양 옷감이라고 하여 '옥양목'이라 불렸지요. 이런 옷감들 때문에 길쌈하는 가정이 점점 줄었습니다. 조선 옷감보다 품질은 나빴지만 값이 워낙 싸니 당해낼 재간이 없었거든요. 값싼 화학 염료가 들어오면서 천연 염색도 점차 자취를 감췄어요. 그래도 바느질만큼은 여인들의 몫이었습니다. 사람들은 여전히 어머니나 아내가 지어 주는 옷을 입었어요.

옷을 사 입기 시작한 것은 1950년대, 한국전쟁이 끝나고 난 뒤의 일입니다. 남대문시장, 동대문시장에서 옷을 팔기 시작했어요. 그래도 좋은 옷이나 유행에 맞는 옷을 입으려면 양장점이나 양복점에서 맞춰야 했습니다. 외국 패션 잡지의 스타일을 따라 입기도 했어요. 서양 영화 속 주인공의 스타일이 유행하기도 했고요. 1956년에는 한국 최초의 패션쇼가 열렸습니다. 우리나라 사람들에게 패션 디자이너라는 직업이 알려지게 된 것도 이때부터예요.

1960년대 속옷 광고

1960년대에는 섬유산업이 빠르게 성장하면서 국산 옷감이 다양하게 생산되었어요. 값싸고 세탁이 쉬운 합성섬유도 생산되었고요. 1970년대 후반에는 품질 좋은 고급 기성복이 등장했습니다. 이제는 굳이 양장점이나 양복점에서 옷을 맞출 필요가 없어졌어요. 옷은 사 입는 것이 되었습니다. 집에서 옷을 지어 입는 사람은 찾아보기 어려워졌지요. 옷과 관련된 모든 일은 산업이 되었습니다.

그리고 이른바 세계화가 시작되었습니다. 요즘은 우리나라에서 호주산 양털로 짠 스웨터나 스페인산 가죽 재킷, 중국이나 동남아시아에서 만든 셔츠를 사는 일이 어렵지 않아요. 한국 상표의 옷들도 대개 해외 공장에서 만들어요. 유행 또한 세계적인 패션 경향을 따릅니다. 텔레비전이나 인터넷 같은 미디어를 통해 세계가 동시에 정보를 공유합니다. 눈 깜짝할 사이에 최신 유행이 퍼져 나갑니다.

옷에 달린 수많은 표시들

옷마다 라벨이 한두 개 이상 붙어 있다. 라벨에는 분류 번호, 옷의 규격, 입는 사람의 신체 치수, 섬유의 조성, 세탁과 다림질 방법, 제조 업체와 제조 국가 등 다양한 내용이 적혀 있다. 대량생산하는 상품이기 때문이다. 옷을 직접 바느질하여 지어 입던 시절이라면 필요 없을 내용이다.

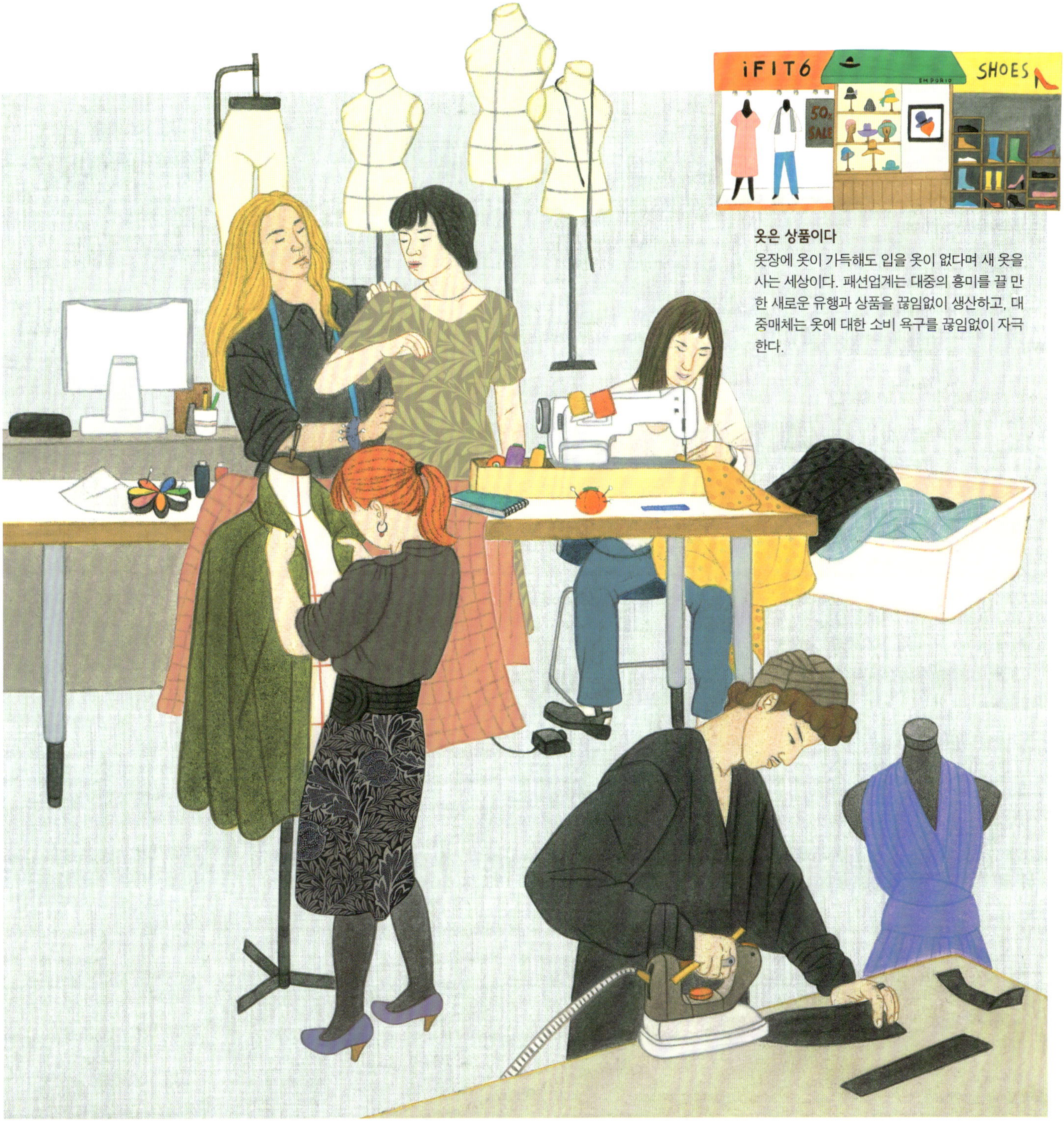

옷은 상품이다

옷장에 옷이 가득해도 입을 옷이 없다며 새 옷을 사는 세상이다. 패션업계는 대중의 흥미를 끌 만한 새로운 유행과 상품을 끊임없이 생산하고, 대중매체는 옷에 대한 소비 욕구를 끊임없이 자극한다.

◀ 공정무역과 윤리적 패션

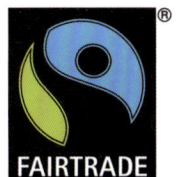

패션산업의 발달과 세계화는 이윤 창출이라는 자본의 논리에 따라 불공정한 거래를 일삼거나 각 지역의 생태 환경과 전통문화를 훼손시키기도 한다.

이에 대한 대안이 환경을 생각하고 공정무역을 지지하는 윤리적 패션이다. 공정무역은 친환경적으로 원료를 생산·가공하도록 돕고, 생산자의 인권을 보호하며, 생산자에게 정당한 대가를 지불하는 일이다. 왼쪽은 전통 방식으로 옷감을 짜는 베트남 장인과 앞치마에 자수를 놓는 아프리카 나미비아 여성이다.

옷이 들려주는 이야기

지금은 누구나 입고 싶은 옷을 마음대로 입는 세상입니다. 사람들은 날씨에 따라, 때와 장소에 따라, 기분에 따라, 유행에 따라 날마다 옷을 갈아입습니다.

오늘날에도 옷은 여전히 사람의 몸을 보호해 줍니다. 과학기술이 발달한 덕에 남극처럼 가혹한 환경을 탐험하는 사람이나 화재 현장에 뛰어드는 소방대원, 우주인을 위한 옷도 개발되었어요. 기능성이 뛰어난 스포츠웨어는 운동경기에서 기록을 향상시켜 줍니다. 카멜레온처럼 주위 환경에 따라 색상이 변하는 옷, 체온이나 맥박 등 입은 사람의 건강 상태를 점검해 주는 옷도 개발되었어요.

지금도 옷은 의사소통 수단입니다. 예전처럼 옷차림만으로 신분이나 국적, 성별을 쉽게 구별할 수는 없지만, 취향이나 형편 등을 짐작할 수는 있어요. 직업을 알려 주는 제복도, 군복이나 경찰복처럼 계급이 표시된 옷도 여전히 남아 있습니다. 동아리 친구끼리 같은 옷을 입어 같은 동아리라는 사실을 드러내기도 하고, 자신의 신념을 옷에 구호로 적어 나타내기도 합니다.

예나 지금이나 사람은 옷으로 자신을 아름답게 꾸미고, 옷으로 자신을 표현하려 합니다. 아름다움의 기준은 그때그때 바뀌지만요. 유행을 이끄는 사람은 왕이나 귀족에서 연예인처럼 대중에게 인기 있는 사람들로 바뀌었습니다. 히피나 힙합 스타일처럼 대학생이나 가난한 청소년들의 개성 강한 옷차림이 대중의 호응을 얻어 첨단 유행이 되기도 합니다.

세계화로 인해 전통 의상을 입을 기회가 줄었지만, 자신들의 정체성을 표현하기 위해 전통 의상을 활용하기도 합니다. 세계 패션이 하나의 흐름으로 움직인다 해도, 다른 사람과 구별되는 옷을 입으려는 욕구는 사라지지 않았습니다. 자신만의 개성을 표현하고 싶은 마음은 도리어 커지고 있는지도 모릅니다.

오랜 세월 동안 사람들은 자기가 사는 환경에 따라 나름의 방식대로 옷을 만들고 입어 왔습니다. 그러한 삶이 쌓여 문화를 만들고, 역사를 이루고, 전통이 되었지요. 옷에는 사람들의 삶과 생각이 담겨 있습니다. 옷에는 문화와 역사가 담겨 있어요. 사람은 옷을 입습니다. 그리고 옷은 우리에게 많은 이야기를 해 줍니다.

수채화 패턴의 옷감으로 지은 저고리

한복은 계속 변화해 왔고 앞으로도 그럴 것이다

한복의 소재와 모양, 입는 방식은 지금도 계속 바뀌고 있다. 일상복의 하나로 자리 잡은 생활한복, 우리 옷의 전통을 새로운 관점으로 해석한 다양한 옷들도 등장했다. 당의나 배자처럼 한동안 입지 않던 옷이 새롭게 부각되기도 하고, 낯설고 새로운 옷감을 쓰기도 한다. 한복은 끊임없이 변화하고 있다.

▼ 나이에 어울리는 옷차림이라는 개념은 시대에 따라 변화한다.

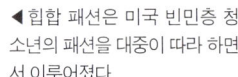

◀ 힙합 패션은 미국 빈민층 청소년의 패션을 대중이 따라 하면서 이루어졌다.

조선시대 당의를 응용한 웨딩 당의

환경을 생각하는 업사이클링

헌 옷을 가공하여 새 옷을 만들기도 하고, 버려진 현수막으로 멋진 가방을 만들기도 하며, 아예 새로운 용도의 생활용품을 만들기도 한다. 이렇게 창의적인 방법으로 버려지는 물건을 새롭고 가치 있는 물건으로 탈바꿈시키는 것을 업사이클링이라고 한다.

쉽게 알아볼 수 있도록 제복을 입는다.

▼ 1970~80년대 펑크 문화는 북아메리카 인디언 모히칸 족의 머리 모양을 새로운 유행으로 만들어 냈다.

▼ 경찰은 사람들이

▲ 전통 복식은 그 나라의 전통과 문화의 상징이다.

▼ 티셔츠는 정치적인 주장을 직접적으로 드러내기 좋은 매체다.

▶ 같은 옷을 입는 것으로 소속감이나 일체감을 드러낼 수 있다.

▼ 21세기는 동시에 다양한 패션이 존재하는 다양성의 시대이기도 하다.

▶ 인터넷 덕분에 전 세계가 거의 동시에 정보를 공유한다.

▶ 첨단 소재로 만든 수영복은 기록에 영향을 많이 미치기 때문에 도리어 금지당하기도 한다.

45

 찾아보기

ㄱ
가락바퀴 6, 7
가니마, 가리마 31
가발, 가체 12, 14~16, 20, 30, 31
가죽 5~7, 10~12, 14, 22, 27, 34, 42
갓 21, 25~27, 30, 39, 41
갓모, 갈모 27
갓신 34
갓옷, 갓저고리 34, 35
겉옷 8, 11, 12, 14, 17, 19, 20, 22, 24, 25, 28, 35, 38, 39, 41
고구려, 고구려시대 12~16, 20, 21
고려, 고려시대 17~22
고름 21, 24, 28, 29, 32, 33, 47
곤룡포 38
곱은옥, 곡옥 14, 17
공정무역 43
관복 16, 17, 20, 27, 34, 36, 38~41
구석기시대 6
굴레 32, 33
귀걸이 14, 15, 26
금관 14
기후 4, 7, 8, 10~12, 18
깃 12, 13, 16, 17, 20, 21, 24, 28, 29, 32, 36, 47
꽃신, 비단신 34
끝동 24, 28, 47

ㄴ
나막신 34
남바위 33~35
너울 18, 19
노리개 29, 37
농경문화, 농경민 7, 10~12
누비 22, 28, 35

ㄷ
다른 나라의 전통 복식 4, 5, 8~12, 45
단령 16, 17, 24, 36, 39~41
단발령 40, 41
답호 24, 25, 39
당의 29, 32, 38, 44
대님 24, 47
대수 38

대슴치마 28, 29
대한제국, 대한제국기 40, 41
댕기 30, 31, 33, 36, 37
도롱이 38
도포 24~26
돌띠 32
돌옷 32
동곳 26
동다리 24
동정 20, 21, 47
두건 12, 26, 27, 39
두렁이, 두렁치마 32
두루마기 9, 22, 24, 32, 34, 41
두르는 옷, 권의 8
둥구니신 22, 34
뒤꽂이 30
떨잠 30

ㅁ
말총 26, 27
망건 26, 27
머리 모양 12, 21, 30, 31, 41, 45
머리를 꿰어 입는 옷, 관두의 9
면류관 38
면복 38
명주, 비단, 견직물 7, 14, 16~18, 22, 24, 26, 33~36
모시 7, 20, 22, 24, 36, 37
모자 11, 12, 14~17, 19~21, 25~27, 30~35, 39, 41
목화 34
목화, 목화솜 6, 7, 22, 23, 36
몽골, 원나라 9, 10, 20~22
몽수 18, 19
무명, 면직물 7, 22~24, 32, 42
무지기치마 28, 29
물레 23
미투리 34

ㅂ
바느질 6, 7, 23, 29, 42
바지 8, 10~15, 19, 20, 22~24, 28, 32, 36, 38, 39, 41, 47

반비 16, 17, 39
방립 27
배냇저고리 32
배씨댕기 33
배자 28, 34~36, 44
백제, 백제시대 13~15, 22
베일 18, 19
베틀 7, 23, 42
벽화 5, 7, 10, 12~16, 20, 21
복건 26, 27, 32, 33, 39
비녀 14, 16, 26, 27, 30, 31, 36, 37

ㅅ
사모, 사모관대 17, 27, 36, 39
사방관 26, 27
삼국, 삼국시대 12~17, 20, 22
삼베 7, 22, 24
삼회장저고리 28, 36, 37
삿갓 27, 38
상복 31, 39
상투 12, 21, 26, 27, 41
상투관 27
새앙머리 31
색동 12, 16, 32
소창의 22, 24, 33
속곳, 다리속곳, 속속곳, 단속곳 28, 29
속옷 24, 26, 28, 29, 42
술띠 24~26
스키타이 12
신라, 신라시대 13~17
신발 33, 34
신석기시대 6, 7
실잣기 7, 23
실크로드 17, 18
심의 21
쓰개치마 18, 28, 30, 39, 41

ㅇ
아얌, 아얌드림 31, 37
아이 옷 32, 33
양관, 금관조복 27, 39
양복, 양장, 서양식 옷차림 40, 41
어여머리 31

한복의 부분 명칭

얹은머리 31
업사이클링 44
여미는 옷, 앞여밈옷, 전개의 9, 12
여밈 12, 13
여자 저고리의 길이 변화 29
예복 11, 15, 16, 27~31, 34, 36, 38, 39
오방장두루마기 32
옷감 짜기, 베 짜기, 길쌈 6~8, 23, 42
옷감을 만드는 재료 7
운혜 33, 34
원삼 29, 36, 37
원통 모양의 옷, 통형의 9
원피스 형태의 옷 8~12, 20
윗옷과 아래옷이 나뉜 옷 8~12
유건 26, 27
유목문화, 유목민 7, 10~12, 14, 21
유행 15~18, 20, 26, 29, 34, 36, 41~44
은꽃 장식, 은화 14
이슬람 4, 18
익선관 38
일본 4, 9, 12, 16, 17, 42

ㅈ

장식선 12, 20, 24
장신구 4~6, 8, 14~17, 20, 26, 29, 30, 38
장옷 18, 28, 30, 39, 41
저고리 12~17, 20~24, 28, 29, 32~39, 41, 44, 47
적삼, 속적삼 28, 29, 36, 37, 41
적의 38
전립 27, 39
전모 31
전복 24, 32
절풍 12, 14
정자관 25~27, 39
조바위 31, 32
조선, 조선시대 5, 17~42
조우관 14, 15
족두리 20, 29, 30, 31, 36, 37
종종머리 33
주립 26
주머니 24, 28, 32, 41
중국 9~13, 15~21, 42
중치막 24, 25
진신, 징신 34
짚신 34
쪽, 쪽머리 12, 30, 31

ㅊ

책 14, 15
철릭 20, 21, 25
첩지 31, 38
초립 27, 35
치마 8, 10~14, 16, 17, 20~22, 24, 28, 29, 32, 36~39, 41, 47

ㅋ

큰머리 30, 31, 37, 38

ㅌ

타래버선 32
탕건 26, 27
태사혜 33, 34
털가죽, 모피 6, 8, 11, 22, 34, 35
토시 10, 24, 34, 35
통일신라, 통일신라시대 16~18, 20

ㅍ

패랭이 38
포 10, 12, 14~16, 24, 25
풍차 27, 33~35
풍차바지 32

ㅎ

학창의 24, 25
한복의 부분 명칭 47
행전 24, 35
허리옷, 요의 8
허리띠 8, 12, 14, 20, 21, 24, 25, 28, 29, 47
호건 32, 33
혼례복 36, 37
화관 30, 36, 37
활옷 36, 37
흉배 39
히잡 4, 18

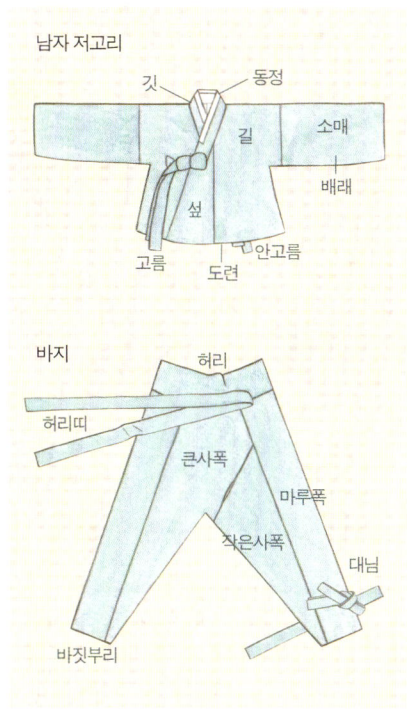

남자 저고리 — 깃, 동정, 길, 소매, 섶, 배래, 고름, 도련, 안고름

바지 — 허리, 허리띠, 큰사폭, 마루폭, 작은사폭, 대님, 바짓부리

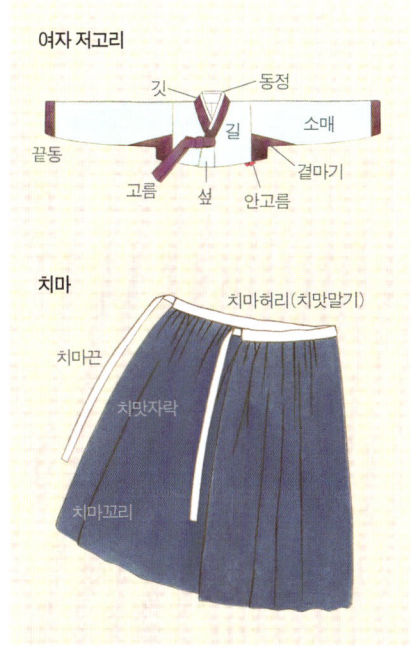

여자 저고리 — 깃, 동정, 길, 소매, 끝동, 곁마기, 고름, 섶, 안고름

치마 — 치마허리(치맛말기), 치마끈, 치맛자락, 치마꼬리

참고문헌

사전, 보고서

《남북 공동 고구려 벽화고분 보존 실태 조사 보고서》, 남북역사학자협의회·국립문화재연구소, 2006
《남북 공동 유적 조사 보고서: 평양 일대 고구려 유적》, 고구려문화재단, 2005
《동래 정씨 묘 출토 복식 조사 보고서》, 경기도박물관, 2003
《문화재대관 중요 민속자료 2: 복식 자수편》, 문화재청, 2006
《서울 진관동 유적 Ⅲ》, 한강문화재연구원, 2010
《연안 김씨 묘 출토 복식: 양평 출토 홍몽남 배위》, 경기도박물관, 2005
《원천군 변수 유물》, 국립민속박물관, 2010
《천마총: 발굴 조사 보고서》, 문화공보부 문화재관리국, 1974
《포항 내단리 장기 정씨 묘 출토 복식 조사 보고서》, 안동대박물관, 2000
《프랑스 국립 기메 동양 박물관 소장 한국 문화재》, 국립문화재연구소, 1999
《한국민족문화대백과사전》, 정신문화연구원, 1991
《한국복식문화사전》, 김영숙 편저, 미술문화, 1998
《한국복식사사전》, 김영숙 편저, 민문고, 1988

신문, 잡지

《매일신보》, 《여원》

도록

《17세기 후반기 사대부가 여인의 멋 차림》, 단국대 석주선기념박물관, 2010
《관모와 수식》, 석주선, 단국대출판부, 1993
《국립경주박물관》, 국립경주박물관, 1996
《국립고궁박물관》, 국립고궁박물관, 2005
《국립공주박물관》, 국립공주박물관, 2010
《국립중앙박물관》, 국립중앙박물관, 2000
《근세 복식과 우리 문화》, 경운박물관, 2003
《담인복식미술관》, 이화여대출판부, 1999
《동서 미술의 흐름 Ⅱ: 벽화》, 김인환 편저, 미술공론사, 1994
《명선》 중·하, 단국대 석주선기념박물관, 2005
《백제 사마왕: 무령왕릉 발굴, 그 후 30년의 발자취》, 국립공주박물관, 2001
《복식》, 이화여대박물관, 1995
《사도세자와 혜경궁 홍씨의 가례 복식》, 국립민속박물관, 2007
《생활 속에 담긴 우리 옷의 발자취》, 국립민속박물관, 2003
《수복: 장수를 바라는 마음》, 국립민속박물관, 2007
《신라인의 무덤: 신라 능묘의 형성과 전개》, 국립경주박물관, 1996
《역사 인물 초상화 대사전》, 이강칠 외 해설·유희경 외 복식, 현암사, 2003
《영친왕 일가 복식》, 국립고궁박물관, 2010
《옛 속옷과 침선: 겹겹이 깃든 기품》, 경운박물관, 2006
《오백 년의 침묵 그리고 환생: 원주 변씨 출토 유물 기증전》, 국립민속박물관, 2000
《왕실문화도감: 조선 왕실 복식》, 국립고궁박물관, 2013
《우리 옷 이천 년》, 문화관광부·한국복식문화 2000년 조직위원회 편, 미술문화, 2001
《우리나라 전통 무늬 1: 직물》, 국립문화재연구소 편, 눌와, 2006
《우리네 사람들의 멋과 풍류》, 서울역사박물관, 2006
《조선 마지막 공주 덕온가의 유물》, 단국대출판부, 2012
《조선 여인의 삶과 문화》, 서울역사박물관, 2002
《조선시대 여인의 멋과 차림새》, 박성실 외, 단국대출판부, 2012
《조선시대 우리 옷의 멋과 유행》, 단국대출판부, 2011
《조선시대 초상화》 1~3, 국립중앙박물관, 2007~2009
《조선시대 풍속화》, 국립중앙박물관, 2002
《조선조 치마·저고리 특별전》, 단국대 석주선기념민속박물관, 1997
《추억의 세기에서 꿈의 세기로: 20세기 문명의 회고와 전망》, 국립민속박물관, 1999
《한국 복식 2천년》, 국립민속박물관, 1995
《한국 전통 어린이 복식》, 단국대출판부, 2000
《한국 직물 문양 이천 년》, 심연옥, 고대직물연구소출판부, 2006
《한국복식도감》, 한국방송출판, 2004
《한국의 초상화》, 문화재청 편, 눌와, 2007
《한민족역사문화도감: 의생활》, 국립민속박물관, 2005
《혜·화·리》, 단국대 석주선기념박물관, 2004
《호암 미술관 명품 도록》 1·2, 호암미술관, 1996
《혼례: 2012 아시아 문화 기획전》, 국립민속박물관, 2012
《환생: 다시 태어난 우리 옷》, 서울역사박물관, 2006
《嘉峪关文物集萃》, 吕占光, 甘肃省人民美术出版社, 2000
《中國西域民族復飾研究》, 李肖冰 編著, 新疆人民出版社, 1995
《中國出土壁畫全集》 7·8, 徐光冀 主编, 科学出版社, 2011·2012
《国宝 高松塚古墳壁画》, 文化庁 監修, 中央公論美術出版, 2004
《日本美術全集》 第2·3卷, 学習研究社, 1989·1980
Egyptian Wall Paintings: from Tombs and Temples, New American Library, 1962

단행본

국사편찬위원회 편, 《옷차림과 치장의 변천》, 두산동아, 2006
권오창, 유희경 외 복식 고증·감수, 《인물화로 보는 조선시대 우리 옷》, 현암사, 1998
권혜진, 《활옷, 그 아름다움의 비밀》, 혜안, 2012
금기숙, 현대패션100년편찬위원회 편, 《현대 패션 100년》, 교문사, 2002

김경옥,《옷감 짜기》, 보림, 1996
김병모,《금관의 비밀》, 고려문화재연구원, 2012
김영숙·박윤미,《덕혜옹주: 그의 애환과 복식》, 이담북스, 2011
김진식, 한국복장기술경영협회 감수,《한국 양복 100년사》, 미리내, 1990
단국대 석주선기념박물관,《북한 지방의 전통 복식: 개화 이후~해방 전후》, 현암사, 1998
석주선,《속 한국복식사》, 고려서적주식회사, 1982
석주선,《한국복식사》, 보진재, 1971
애너월트, P., 한국복식학회 역,《세계 복식 문화사》, 예담 2009
이경자 외,《우리 옷과 장신구》, 열화당, 2003
정병모,《민화, 가장 대중적인 그리고 한국적인》, 돌베개, 2012
정병모,《무명 화가들의 반란, 민화》, 다할미디어, 2011
정병모,《사계절의 생활 풍속》, 보림, 2004
조선미,《한국의 초상화: 형과 영의 예술》, 돌베개, 2009
조효순,《한국 복식 풍속사 연구》, 일지사, 1988
키스, E. 외, 송영달 역,《영국 화가 엘리자베스 키스의 코리아 1920~1940》, 책과함께, 2006
한국생활사박물관편찬위원회,《한국생활사박물관》 1~12, 사계절, 2000~2004
혼, M. 외, 이화연 외 역,《의복: 제2의 피부》, 까치, 1992
홍나영 외,《동아시아 복식의 역사》, 교문사, 2011
黃能馥·陈娟娟,《中华歷代服饰艺术》, 中国旅游出版社, 1999
Fisher, A., *Africa Adorned*, Harry N. Abrams, Inc., 1984
Gillow, J. & Sentance, B., *World Textiles*, Bulfinch Press Book, 1999
Hecht, A., *The Art of the Loom: Weaving, Spinning and Dyeing across the World*, Univ. of Washington Press, 2001
Huxley, F., *Peoples of the World in Colour*, Blandford, 1964
Racinet, A., *The Complete Costume History: from Ancient Times to the 19th Century*, Taschen, 2003
Sklenář, K. et al., *La Vie dans la Préhistoire*, Gründ, 1997

논문

곽경희, 〈조선시대 남자용 혁·포제 신에 관한 연구〉, 이화여대 석사 논문, 2003
김영재, 〈왕회도에 나타난 우리나라 삼국 사신의 복식〉,《한복문화》 3-1, 2000
김이든, 〈개항 이후 남자 모자에 관한 연구〉, 이화여대 석사 논문, 2007
김지연·홍나영, 〈이재난고에 나타난 18세기 족두리의 제법 및 사용〉,《복식》 60-8, 2010
김지연, 〈조선시대 여성 예관 연구〉, 이화여대 박사 논문, 2008
신혜성·홍나영, 〈풍속화에 나타난 혼례용 단령에 관한 연구〉,《복식문화연구》 15-6, 2007
안보연, 〈우리나라 모피와 피혁 복식에 관한 연구〉, 이화여대 석사 논문, 2005
이경미, 〈대한제국기 서구식 대례복 패러다임〉, 서울대 박사 논문, 2008
이경미, 〈사진에 나타난 대한제국기 황제의 군복형 양복에 대한 연구〉,《한국문화》 50, 2010
이경자·홍나영, 〈개성 복식의 연구〉,《복식》 17, 1991
이유안, 〈고구려 고분벽화에 나타난 직물 문양 분석〉, 이화여대 석사 논문, 2009
이진민 외, 〈왕회도·번객입조도에 묘사된 삼국 사신의 복식 연구〉,《복식》 51-3, 2001
정완진·이순원, 〈고구려 관모 연구〉,《복식》 23, 1994
홍나영·이미현, 〈고구려 복식의 양식 분석: 고구려 바지를 중심으로〉,《복식》 55-2, 2005

도움받은 곳

경기도박물관, 국가기록원, 국립고궁박물관, 국립문화재연구소, 국립민속박물관, 국립중앙박물관, 단국대 석주선기념박물관, 문화재청, 서울대 규장각한국학연구원, 서울역사박물관, 안동대박물관, 이화여대 담인복식미술관, 이화여대 대학원 의류학과 전통복식연구실(이효선, 천호정), 조선대박물관, 주한동티모르대사관, 한강문화재연구원, 갤러리외희, 비타트레이드, ㈜더페이스토리, ㈜터치포굿, Ethnotek, Penduka